Daniel Gottlieb Moritz Schreber, Daniel Gottfrieb Moritz Schreber

Die Polizei des Ackerbaues

Daniel Gottlieb Moritz Schreber, Daniel Gottfrieb Moritz Schreber

Die Polizei des Ackerbaues

ISBN/EAN: 9783743433410

Hergestellt in Europa, USA, Kanada, Australien, Japan

Cover: Foto ©ninafisch / pixelio.de

Manufactured and distributed by brebook publishing software (www.brebook.com)

Die
Policey
des
Ackerbaues.

Nach
den Grundsätzen
des Herrn
Professors Dithmar,
und
der weitern Ausführung
des Herrn Professors
D. Schreber,
in seinen Vorlesungen.

Leipzig,
bey Siegfried Leberecht Crusius,
1770.

Vorbericht.

Den nachstehenden Discurs meines geliebtesten Lehrers, des Herrn Professors D. Schreber zu Leipzig, über des Herrn Prof. Dithmar IX Capitel der IV Abtheilung der Einleitung in die Cameralwissenschaften habe ich von Wort zu Wort treulich nachgeschrieben.

Mein Lehrer hat ihn für seinen Vortrag erkannt.

Ich habe geglaubt, daß er eben sowohl gelesen, als gehöret zu werden verdiene; und deßwegen habe ich ihn zum Druck befördert.

Mehr kann dem Leser nicht angelegen seyn zu wissen, von

dem Herausgeber.

P. S. Es ist hier nicht der ganze Diskurs des Herrn D. Schrebers abgedruckt worden, wie aus vielen hin und wieder im Druck etwas eingerückten Stellen, darinne ich mich auf die weitere Ausführung bezogen habe, erhellet.

Dieses ist hauptsächlich um des besorglichen Nachdrucks willen geschehen. Sollte sich jemand, der dazu kein Recht hat, diese verkürzte Schrift nachzudrucken entschließen, so verspreche ich dem Leser, sie nicht allein binnen kurzem völlig ausgeführt, sondern auch mit der Policey des Wiesen- und Gartenbaues vermehrt, zu Handen zu liefern; indem ich aus eben der Ursache den andern Theil des IXten Capitels der Dithmarischen Einleitung, der von dem Ordnungswesen des Wiesen- und Gartenbaues handelt, anitzo weggelassen habe.

§. 1.

Die
Policey des Ackerbaues.

§. 1.

leichwie durch den Ackerbau die Wohlfeilheit zu leben, mithin die Volkreichheit, Manufacturen, Commercien, Reichthum und Macht eines Staats nicht wenig befördert werden, so hat ein Regent billig Vorsorge zu tragen, daß derselbe in gutem Stande erhalten werde.

* * *

Der Ackerbau macht einen wichtigen Artickel in der Policeywissenschaft aus.

In der Nutzung der Aecker beruhet ein sehr großer Theil des Vermögens eines Staats. Der Regent zieht sowohl von seinen eigenthümlichen Aeckern, als von den Aeckern der Unterthanen beträchtliche Einkünfte; und die Unterthanen sollen nicht allein von ihren eigenthümlichen Aeckern die landesherrlichen, und zuweilen auch andere darauf haftende Abgaben, bestreiten; sondern auch ein Vermögen erwerben, und die Manufacturen und den Handel des Staats durch die Producte vom Ackerbaue unterstützen.

Es kann also einem guten Regenten unmöglich eine gleichgültige Sache seyn, ob der Theil des Staatsvermögens, der sowohl in seinem, als in seiner Unterthanen Eigenthume ist, gut oder schlecht genutzet werde.

Nachdem die Aecker besser oder schlechter genutzet werden, nachdem kommt auch das Vermögen eines Staats in höhern oder niedrigern Anschlag.

Es giebt Staaten, die die beste Gelegenheit zum Ackerbaue haben, und wo man die

des Ackerbaues.

die Nutzung der Aecker, oder den Ertrag der Feldfrüchte im Durchschnitte nur zum dritten Korne rechnet: es giebt aber auch andere Staaten, wo die Gelegenheit zum Fruchtbaue nicht so günstig ist, und wo man gleichwohl den Ertrag im Durchschnitte zum sechsten Korne berechnen kann.

Dieses ist im Discurse ausführlicher vorgestellet und erwiesen worden.

Man könnte es noch viel höher bringen, und das Vermögen der Staaten durch den Ackerbau ansehnlich vermehren, wenn dabey mehr nach Gründen, als nach der bloßen Gewohnheit verfahren würde.

Dieses zu bewerkstelligen gehöret zum Ordnungswesen im Nahrungsstande, oder es kömmt den hohen Landespoliceycollegiis zu.

Die Policey muß auf alles aufmerksam seyn, was das allgemeine Vermögen des Staats vermehren oder vermindern kann: jenes muß sie zu befördern, dieses zu verhüten suchen.

Das ist, wie Sie wissen, ein allgemeiner Grundsatz der Policey, und er muß vor al-

ten Dingen auf den Ackerbau und was darzu gehöret angewendet werden.

Die Policey muß also die Hindernisse des rechten Betriebs des Ackerbaues aus dem Wege räumen; sie muß ferner die Veranstaltungen treffen, daß der Ackerbau im ganzen Lande in Aufnehmen komme, und die Aecker so hoch genutzet werden, als es möglich ist; zugleich aber auch mit darauf sehen, daß den Manufacturen und dem Handel dadurch aufgeholfen werde. Was dabey zu beobachten, hat unser Herr Autor in diesem Capitel in kurzen Sätzen vortragen wollen: es fällt aber hierbey verschiedenes zu erinnern und zu ergänzen vor.

Die Sache verdiente ja wohl eine besondere Abhandlung; denn bis daher haben wir in Schriften noch nichts vollständiges, zusammenhangendes und gründliches von der Policey des Ackerbaues: wir können auch noch nichts gründliches davon erwarten, weil es uns noch an einer natur- und erfahrungsmäßigen Schrift von dem rechten Betriebe des Ackerbaues fehlet, worauf

des Ackerbaues.

auf jedoch, als auf einen sichern Grund, die Policey ihr Gebäude aufführen muß.

Wir haben zwar hier und da allgemeine Dorf- und Ackerordnungen, auch verschiedene einzelne Policeyordnungen, die sich theils auf Erzeugung verschiedener Feldfrüchte und deren Vertrieb, theils auf die Hülfsmittel zur Verbesserung des Ackerbaues, insonderheit die Viehzucht, theils auf die Hindernisse des Ackerbaues, in Ansehung der Ackerleute, des Wetters, der Geschöpfe, die dem Ackerbaue Schaden zufügen, der demselben nachtheiligen Gerechtsame oder Servituten, die Eintheilung der Grundstücken, und so weiter, beziehen: allein alles das ist nichts zusammenhangendes, nichts ganzes, und nichts aus denjenigen Gründen hergeleitetes, wornach eine reelle Verbeßerung und rechte Benutzung der Aecker bewerkstelliget werden kann.

Man hat sich in verschiedenen Staaten, wie aus dem III.ten Capitel der II Abth. von Gränzen bekannt ist, mit dem Ordnungswesen des Ackerbaues noch mehr beschäftiget. Man hat Landesvermeßungen vor-

vorgenommen, die Aecker nach ihrer guten, mittlern und schlechten Beschaffenheit in besondere Claßen eingetheilet, und Rechnungen nach der Multiplication der Früchte in jeder Art der Aecker von diesen dreyen Claßen gemacht, u. s. w. allein so gut dieses an sich selbst ist, so ist dennoch der Ackerbau immer geblieben, wie er ist, wenn er nicht noch schlechter betrieben worden ist, als vorhin: und es kann zwar seyn, daß das Vermögen des Regenten dadurch einen Zuwachs bekommen: allein ob dabey das Vermögen der Unterthanen, an statt zugleich vermehret zu werden, nicht abgenommen habe, das ist eine andere Frage, deren Erörterung nicht hierher gehöret.

So wie eine systematisch öconomische und hiernächst auch policeymäßige Abhandlung von dem Ackerbaue den künftigen Zeiten noch vorbehalten ist; so hat es gleiche Bewandniß mit der Policey des Ackerbaues selbst, und man vermisset das Ordnungswesen bey diesem wichtigen Artickel in einem Staate mehr, als in einem andern, je nachdem dasjenige Policeyprincipium

pium in einem Staate mehr, als in andern geltend ist, welches in einem gewissen Lande bey allen Nahrungsgeschäfften von langen Zeiten her eingeführet zu seyn, mit ehedem von einer obrigkeitlichen Person selbst sehr dreist versichert ward: **ein jeder thut, was er will.**

Der Ackerbau beruhet auf Grundsätzen, wie aus der öconomischen Abhandlung in der II^{ten} Abtheilung erhellet.

Wer das Ordnungswesen des Ackerbaues zum Besten eines Staats einrichten und birigiren soll und will, der muß diese Grundsätze vollkommen verstehen, und in der praxi recht anzuwenden wissen. Es muß aber auch von den Abweichungen von den Grundregeln, oder von dem schlendrianmäsigen Betriebe dieses Nahrungsgeschäfftes Kenntniß haben, und die Mittel anzuwenden wissen, die zur Verbeßerung des Ackerbaues behufig sind.

Anstatt daß unser Herr Autor sagt: die Policey hat billig Vorsorge zu tragen, daß der Ackerbau in gutem Stande erhalten werde, hätte er sagen sollen: daß er erst in guten

guten Stand gesetzet und nachher darinne erhalten werde.

Die Anmerkungen zum 3ten §. werden dieses noch mehr aufklären.

Da man die Fehler, oder soll ich vielmehr sagen den Mangel der Policey des Ackerbaues im ganzen in- und außerhalb Teutschland, zu unsern Zeiten mehr als vorhin eingesehen hat; so hat man seit einiger Zeit allerhand Vorschläge in Schriften zu lesen bekommen, wie der Sache zu helfen sey, die auch in verschiedenen Staaten die Cabinette der Regenten noch beschäftiget.

In den göttingischen Anzeigen von gelehrten Sachen vom Jahre 1760. S. 126. ward dergleichen Vorschlag bekannt gemacht; er gieng dahin: der Ackerbau und die Viehzucht würde durch öconomische Gesellschaften am besten in Aufnehmen gebracht werden können; und wie viel sind nicht solche Gesellschaften seit kurzer Zeit in- und außerhalb Teutschland errichtet worden?

Hier ward der aus dem Französischen übersetzten und 1759 ans Licht getretenen Schrift: die Ackerbauschule gedacht

gedacht und daraus verschiedenes von der öconomischen Gesellschaft der Stände von der franz. Provinz Bretagne angeführet.

Es ist nicht zu leugnen, daß in particulari schon viel gutes gestiftet, insbesondere viel einzelne Wirthschaftsfehler eingesehen und verbessert, auch viele gemeinnützliche Einrichtungen, die ohne dem Eifer und Vorschub so patriotisch gesinneter Männer wohl unterblieben wären, gemacht worden, seit dem öconomische Gesellschaften (einige haben sich Ackergesellschaften genennet) sich haben angelegen seyn lassen, das zum Theile zu besorgen, was eigentlich zum Cirkel der Policey gehöret: aber im ganzen wird damit das Aufnehmen des Ackerbaues und der übrigen Nahrungsgeschäffte nicht bewirket werden; weil die Sache von solchen Gesellschaften so wenig wissenschaftlich als policeymäßig tractiret werden kann, d. i. es fehlt der lebendige sowohl theoretische als practische Unterricht, und der Nachdruck.

Eben so wenig wird durch öconomische Schriften, und ich will noch mehr sagen, durch

durch blos auf die Stube eingeschränkte öconomische Vorlesungen auf Universitäten, der vorgesetzte Zweck erreichet werden.

Indessen kann ich doch dem Herrn Verfasser einer Abhandlung über die Frage: soll der Bauer auf Reisen gehen? in dem wittenbergischen Wochenblatte 1769. St. 1, von dessen Vorschlage ich an einem andern Orte zu reden Gelegenheit haben werde, nicht völlig beypflichten, wenn er sich gleich zu Anfange also ausdrückt:

„Beständig von öconomischen Ver-
„besserungen reden und schreiben, niemals
„aber Hand zu Wercke legen, ist eine
„künstliche Art das Land zu verderben,
„oder den Müßiggang zu befördern,
„und die Erkenntniß, die wir da-
„durch erlangen, ist eine rühmliche Gat-
„tung der Unwissenheit, und sonst nichts.
„Das äuserste Resultat also, durch welches
„das öconomische Studium seinen letzten
„und unschätzbaren Werth erhält, besteht
„lediglich in der zu vermehrenden Anwen-
„dung und Ausführung gemeinnütziger
„Verbesserungen unter dem grösten Hau-
„fen

„ſen arbeitender und erwerbender Mit-
„brüder. —

Im Discurſe ward eins und das andere dabey erinnert.

Meiner Meynung nach kann nichts be-
huſiger ſeyn, den Ackerbau, und überhaupt
die Oeconomie in Aufnehmen zu bringen,
als wenn, wie in andern practiſchen Wiſſenſchafften, alſo auch, in den ſämmtlichen
Theilen der Oeconomie, und in ihren fun-
damental Wiſſenſchafften practiſcher Unterricht gegeben wird.

Ich habe von längern Jahren her die
Meynung gehabt, und in Schrifften ge-
äuſert, daß eine oeconomiſche Academie, unter göttlichen Segen, das meiſte dazu beytragen könnte; daß es künftig um den oeco-
nomiſchen Zuſtand eines Landes ein beſſeres
Anſehen bekäme, und folglich auch in der
ordentlichen Einrichtung des Ackerbaues
eines ganzen Landes und der Handha-
bung der Ordnung; und dieſer Meynung
bin ich noch, werde mich aber beym 3ten §.
näher darüber erklären.

Es

Es würde aber dennoch von vielen Nutzen seyn, wenn die Policey des Ackerbaues, nach richtigen öconomischen Grundsätzen recht vollständig und zusammenhangend beschrieben werden sollte.

Ich vermisse diesen Hauptarticfel, die Ackerpolicey, sogar in des Herrn Rath Bernhards Policey der Dörfer; es ist nur sehr wenig, was er gleichsam im Vorbeygehen davon gedenket.

Mir liegt anitzo nur ob, des Herrn Autoris Grundsätze zu erläutern, und weil sie zu unvollständig sind, zuletzt noch die vornehmsten hinzuzufügen.

Wer die öconomischen Grundsätze des Ackerbaues aus dem Vortrage der IIten Abtheilung gehörig gefaßt hat, dem wird es leicht fallen, davon in der Anwendung auf die Policey in particulari und universali den rechten Gebrauch zu machen.

§. 2.

Zu dem Ende ist dahin zu sehen, daß kein Platz im Lande unbebauet gelaßen, die wüsten a) Aecker wiederum bestel=

bestellet, und die öden Oerter und Sümpfe b) fruchtbar gemacht werden.

 a) Siehe hiervon die Ed. vom 3. Dec. 1709. 29. Jun. 1719. 1721. und das 2te Stück der öconomischen Fama.
 b) Graben- und Schauordnung vom 31. Aug. 1724.

*   *   *

Der erste Grundsatz der Ackerbau Policey ist, nach unserm Herrn Autore: es muß kein Stück Landes, das genutzet werden kann, ungenutzt gelassen werden.

Allein es muß kein anderes Land zum Getreydebaue angewendet werden, als das sich dazu schickt, oder das mit größern Vortheile zum Getreydebaue angewendet werden kann, als zum Wiesen- Holz- Weinbaue u.s.f.

Es ist bey der öconomischen Abhandlung schon erinnert worden, daß es darinne sehr versehen werde, daß man der Natur nicht folgt, und Aecker zum Getreydelande macht, die besser zu Wiesen, zu Futterkräutern oder zu Holze taugten: sodann, daß man, nach einem alten Vorurtheile, glaubt, es sey interessanter, alles zu Ackerlande zu

B   ma-

Es würde aber dennoch von vielem Nutzen seyn, wenn die Policey des Ackerbaues, nach richtigen öconomischen Grundsätzen recht vollständig und zusammenhangend beschrieben werden sollte.

Ich vermisse diesen Hauptartickel, die Ackerpolicey, sogar in des Herrn Rath Bernhards Policey der Dörfer; es ist nur sehr wenig, was er gleichsam im Vorbeygehen davon gedenket.

Mir liegt anitzo nur ob, des Herrn Autoris Grundsätze zu erläutern, und weil sie zu unvollständig sind, zuletzt noch die vornehmsten hinzuzufügen.

Wer die öconomischen Grundsätze des Ackerbaues aus dem Vortrage der IIten Abtheilung gehörig gefaßt hat, dem wird es leicht fallen, davon in der Anwendung auf die Policey in particulari und universali den rechten Gebrauch zu machen.

§. 2.

Zu dem Ende ist dahin zu sehen, daß kein Platz im Lande unbebauet gelaßen, die wüsten a) Aecker wiederum bestel=

bestellet, und die böen Oerter und Sümpfe b) fruchtbar gemacht werden.

a) Siehe hiervon die Ed. vom 3. Dec. 1709. 29. Jan. 1719. 1721. und das 2te Stück der öconomischen Fama.
b) Graben- und Schauordnung vom 31. Aug. 1724.

* * *

Der erste Grundsatz der Ackerbau Policey ist, nach unserm Herrn Autore: es muß kein Stück Landes, das genutzet werden kann, ungenutzt gelassen werden.

Allein es muß kein anderes Land zum Getreydebaue angewendet werden, als das sich dazu schickt, oder das mit größern Vortheile zum Getreydebaue angewendet werden kann, als zum Wiesen- Holz- Weinbaue u.s.f.

Es ist bey der öconomischen Abhandlung schon erinnert worden, daß es darinne sehr versehen werde, daß man der Natur nicht folgt, und Aecker zum Getreydelande macht, die besser zu Wiesen, zu Futterkräutern oder zu Holze taugten: sodann, daß man, nach einem alten Vorurtheile, glaubt, es sey interessanter, alles zu Ackerlande zu ma-

machen, wenn man auch gleich auf diese Art Mangel an Wiesen oder Holze leiden sollte.

Wieviel würde hier die Policey wohl zu verbessern finden, wenn diese Mängel beym Ackerbaue aller Orten aufgesuchet und Ordnung eingeführet werden sollte?

Daß es in Teutschland noch viel unangebauete Ländereyen gebe, zumal in volkärmern Provinzen und in solchen, wo die Unterthanen durch viele Bedrückungen bewogen werden, die Hände vom Pfluge abzuziehen, wird kein Mensch leugnen, der mit der Geographie und Statistic Bekanntschaft hat, und noch weniger der dergleichen Wüsteneyen mit Augen gesehen hat. Aber eben so wenig kann ein Oeconom leugnen, daß wüste Aecker nutzbar gemacht werden können.

Omnia canando docilis solertia vincit.

Die meisten Ländereyen, die man für unfruchtbar hält, sind es blos aus Mangel des Anbaues und der rechten Bearbeitung: denn terram damnatam, wie das wüste Arabien, haben wir nicht.

Unter

Unter wüsten Aeckern verstehr unser Herr Autor solche, die, wegen des schlechten Bodens, und wegen Mangel der Gelegenheit sie zu cultiviren, entweder gar nicht, oder nur zuweilen umgepflüget und bestellt werden.

Dergleichen sind die aus puren Sand, aus strengen Thon, oder sogenannten Knick, bestehen, sehr steinigte Grundstücke und dergleichen.

Auch der sterileste Sand kann nutzbar, und wo nicht gleich zu Anfange, doch nach und nach zu Ackerlande gemacht werden.

Siehe D. Schrebers Anweisung, wie der Flugsand stehend und dürre Sandfelder zu Wiesen zu machen. L. 1754.

Physicalische Belustigungen Th. III S. 1289

Fleischhauers Vorschläge, wie die Lüneburger Heyde artbar zu machen 1754.

Leipziger Sammlungen Th V. S. 805.

Fränkische Sammlungen Th. III. S. 185.

Es ist hiervon und von der Art thonigre und steinigte Ländereyen nutzbar zu machen auch in der öconomischen Abhandlung vom Ackerbaue weitläuftiger geredet, und die

die Sache zugleich mit Exempeln, da man aus Einöden Waldungen, Wiesen, Gärten, Plantagen, Getreydeäcker und ansehnliche Wohnörter arbeitsamer Colonisten gemacht, bestätiget werden.

Vorschläge zu diesem Zwecke zu machen, kann einem Oekonomiegelehrten, der zugleich ein Kenner der Natur ist, gar nicht schwer fallen: aber der Mangel der Mittel zu Ausführung nützlicher Anstalten, diese Haupthinderniß der Policey, macht, daß Wüsteneneyen immer bleiben, was sie von undenklichen Jahren her gewesen sind.

Was die Sümpfe, Moräste, Brücher ꝛc. anbetrift, so ist es ebenfalls eine mögliche Sache, sie nutzbar, das ist, theils zu guten Ackerlande, theils zur Viehweide geschickt zu machen:

S. des Herrn Prof. Berchs Diß. wie Sümpfe und Moräste auszutrocknen, und die Abhandlung im XI. Theile der hallischen Sammlung oeconom. Schriften.

Der Schwed. Academie Abhandlungen Th. XII. S. 211. von Linnée schonische Reise. S. 79.

es ist auch, wegen ihrer schädlichen Wirkungen, nöthiger, eine Veränderung damit vorzunehmen, und sie nutzbar zu machen, als mit trockenen Wüsteneyen.

Sumpfigte Gegenden erfüllen das Land mit Viehpeinigenden Ungeziefer, und mit Fieber verursachenden Dünsten. In Schweden werden solche Gegenden, wo fast alle Jahre die Nachtfröste im Frühlinge, Sommer und Herbste Schaden thun, Frostnester genennet, davon Herr Gadds eine eigene Abhandlung geschrieben hat, und dergleichen sind die stark ausdünstenden Sümpfe und Moräste.

LANCISIUS *de noxiis paludum influviis*. Colon. 1718. sollte den Policeyvorstehern sumpfigter und morastiger Gegenden bekannter seyn, als es wohl ist.

Ueberdieß kömmt das Capital, das Vorschußweise darauf gewendet wird, viel geschwinder mit reichen Zinsen wieder ein, als bey trocknen Wüsteneyen, dergestalt daß der Cassenmangel der Policey zu so nöthigen und ersprieslichen Endzwecken, als

ein

ein Mangel im eigentlichen Verstande anzusehen ist. Von einem gewissen grossen Landstriche kann ich, unter mehr ähnlichen Exempeln, dieses hier aufführen: die Kosten denselben auszutrocknen und urbar zu machen, hatten sich auf 183000 Thl. belaufen: es wurden aber gleich im ersten Jahre 80000 Thl. von dem darauf erbauten Raps gewonnen, und in drey Jahren ward das ganze vorgeschossene Capital mit reichlichen Zinsen wieder bezahlet. Man kann leicht erachten was dieser Vorschuß in der Folge für Zinsen gebracht haben müsse, und wie mit einem solchen blos vorgeschoßenen Capitale das Vermögen des Landes sey vermehret worden.

Die Gelegenheit Gelder auch in kleinern Summen auf gleiche Art zu nutzen, bietet sich der Policey eines Landes noch an vielen Orten an, und es kann ihr unmöglich an den Mitteln fehlen, sich dieser Gelegenheit zu bedienen, wenn sie nur will, und, nebst der Verbesserung des Landes, die Vermehrung des Vermögens des Regenten und der Unterthanen ernstlich intendiret.

§. 3.

§. 3.

Obschon auch das Erdreich sehr verschieden, und ein jedwedes Land nicht alles trägt, so ist jedoch nicht zu zweifeln, daß demselben durch die Kunst könne geholfen, und die überflüßige Näße, Trockenheit, Härte und Zähigkeit, durch gemachte Gräben, öfteres Pflügen, Egen, Walzen, Hacken, Rajolen und guten Dünger benommen, und dadurch solch Land verbessert werden.

* * *

Der Ackerbau ist eine Wissenschaft; denn er beruhet auf allgemeinen in der Natur und Erfahrung gegründeten Sätzen.

Nicht durch die Kunst wird er verbessert, sondern wenn dabey in allen Stücken nach richtigen Grundsätzen verfahren wird.

Diese Grundsätze sind im VI. Capitel der II. Abtheilung so ausführlich und überzeugend von mir vorgetragen worden, daß ich es hier nicht wiederholen darf; und eben so wenig darf ich wieder erweisen, daß, nach der gemeinen Weise, beym Ackerbaue nicht wissenschaftlich, oder nach richtigen Grund=

sätzen

sasten, sondern schlendrianmäßig, oder nach der hergebrachten Gewohnheit verfahren wird, und daß dieses Verfahren voll überall in die Augen fallender, und allzuoft recht großer Fehler ist, daß also in den künftigen Zeiten große Verbesserungen beym Ackerbaue zu erwarten sind.

S. D. Schrebers Anmerkungen zu der Abhandlung vom Ackerbaue im XII. Th. der Cameralwiss. S. 329. u. f.

Bis dato ist das Vorurtheil noch herrschend, daß beym Ackerbaue im Ganzen sich keine große Verbesserungen machen ließen, und daß ein vollständiges, auf alle Gegenden von verschiedener Landesart gerichtetes System der Landwirthschaft, nicht zu hoffen sey.

Noch neulich ward diesem Vorurtheile in den dreßdnischen gelehrten Anzeigen von 1767, S. 14, das Wort geredet, und eo ipso geleugnet, daß der Ackerbau eine Wissenschaft sey.

Eine starke Reproche für die Stifter öconomischer Lehrämter, und zugleich für die Lehrer der Oeconomie!

Wenn

des Ackerbaues.

Wenn ich Ihnen nichts weiter zu sagen gewust hätte, als wie der Pachter oder Verwalter nach der Gewohnheit verfähret, und wenn ich bey meinem Berufe nicht oder auf das allgemeine Beste, als auf meinen Nutzen gesehen hätte, so würde ich eher ein Pachter, als ein Oeconomielehrer gewesen seyn. — — — — — —

Es ist aber diese Ausrede im 26ten Stücke eben dieser Anzeigen abgelehnet worden — — — — —

Es wird nicht undienlich seyn, gedachte Replik als eine Beylage sub. O hinten anzufügen.

Die Richtigkeit des in diesem 26ten Stücke beschriebenen Systems bestätiget die Erfahrung bey der Feldwirthschaft des Rittergutes zu Trachenau, von deren vorzüglichen Beschaffenheit ich nicht allein seit bald 6 Jahren ein Augenzeuge gewesen bin, sondern auch das ietzige Intelligenzblatt vom Jahre 1767, N. 53, S. 488, ein mehreres besaget.

Ich leugne nicht, daß man in einigen Staaten beym Ackerbaue weiter gekommen,

B 5 als

als in andern, und daß auch von verschiedenen Landwirthen regelmäßiger verfahren wird, als von andern; allein auch denen Staaten, die es am weitesten gebracht, stehet das plus ultra beym Ackerbaue noch vor, und es möchten vielleicht nur wenige Landgüter angetroffen werden, wo nicht Fehler contra principia begangen werden, daraus beträchtliche Schäden entstehen, die man vermeiden könnte, wenn man secundum principia verführe. Nimmt man nun noch die grossen Hindernisse des rechten Betriebes dieses Nahrungsgeschäftes dazu, davon ich an einem andern Orte zu reden Gelegenheit haben werde, und welche gleichwohl zu redressiren der Policey nicht unmöglich seyn kann: so kann man apodictisch beweisen, daß in einem Lande, wo der Ackerbau am weitesten getrieben, und wo der Erdboden nur nicht von der schlechtesten Beschaffenheit ist, eine Verbesserung zum allerwenigsten ums alterum tantum, gegen den bisherigen Ertrag der Früchte, zu erhalten sey, wenn die Fehler und Hindernisse abgestellet, und die Leute mehr nach Gründen, als nach

der

des Ackerbaues.

der Gewohnheit zu verfahren angewiesen werden.

So lange wir in Ansehung des Ertrags der Feldfrüchte noch so claßificiren: etliches trägt drey‑ etliches sechs‑ etliches zehnfältige Frucht, so lange können wir nicht sagen, daß wir Progressen beym Ackerbaue gemacht hätten. Der Stammvater der teutschen Oeconomieschreiber, Coler, hat in seinem bey nahe vor 200 Jahren herausgegebenen Hausbuche, so viel ich mich erinnere, auch schon also claßificiret. Der Herr der Oeconomie und ganzen Natur hat es uns aber anders gelehret. Es giebt Länder, wo man den Ertrag wegen der Güte des Bodens zwanzigfältig rechnet; aber auch da könnte er viel höher getrieben werden: denn auch in solchen Ländern verfährt man beym Ackerbaue nicht wissenschaftlich, sondern blos empirisch.

Mit einer solchen Verbesserung des Ackerbaues ist zugleich die Verbesserung und Vermehrung der Viehzucht, und nach Gelegenheit auch anderer Nahrungsmittel unzertrennlich verbunden; hieraus entsteht eine

eine noch beträchtlichere Vermehrung des Staatsvermögens, mit dieser aber kann, ceteris paribus, die Vermehrung der nährenden Glieder desselben eine Folge des verbesserten Ackerbaues werden.

Zu Erreichung dieses Endzweckes, halte ich eine öconomische Academie für das diensamste Mittel, habe auch schon ehedessen im IX^{ten} Theile meiner hallischen Sammlung S. 417 einen Entwurf dazu mitgetheilet.

Aber mit der Ausführung solcher Vorschläge gehet es noch langsamer her, als mit der Befolgung dessen, was in Büchern von einzelnen öconomischen Verbesserungen gutes vorgetragen wird.

Die Herren Henkel und Zimmermann hatten vorlängst in Schriften vorgestellet, daß die Bergwerkswissenschaft eine practische Wissenschaft sey, und daß, wenn beym Bergbaue reeller Nutzen verschaffet werden sollte, diese Wissenschaft nach allen ihren Theilen practisch gelehret, und folglich Bergacademien an schicklichen Orten, nehmlich an solchen, wo der Bergbau betrieben wird, angeleget werden müsten.

Aber

des Ackerbaues.

Aber erst nach dem letzten Kriege, da man überhaupt in Dingen, die den Nahrungsstand der Länder betreffen, mit aufgeschlosseneren Augen, als vorhin, zu sehen anfing, sahe man auch die Nothwendigkeit und den Nutzen der Bergacademien ein; und wieviel sind nicht seit der Zeit angeleget worden?

Bey dem Capitel von der Policey des Bergbaues werden Sie davon ein mehreres vernehmen.

Die Bergwerkswissenschaft ist ein Theil der Oeconomie: a particulari ad universale valet consequentia.

Man hat zum Aufnehmen der Künste besondere Academien gestiftet: Mahler- Bildhauer-Academien etc. aber die wichtigen Theile der Oeconomie, Ackerbau, Viehzucht, und was weiter dahin gehöret, wie spät kommen diese an die Reihe!

Der Unterricht bey einer öconomischen Academie muß practisch seyn, und zwar respectu aller Theile, wobey es auf die Ausübung ankömmt; folglich muß an dem Orte, wo sie angeleget werden soll, alle Gelegenheit dazu vorhanden seyn. Man traue

von

in der Bergwerkswissenschaft, von der Mahler- und Bildhauerkunst die Uebung, und man wird das Leben, und folglich auch den rechten Nutzen vermissen. Der Unterricht muß sich aber auch zugleich auf die übrigen Wissenschaften, die mit der Oeconomie in Verwandschaft stehen, oder die als ihre Grundwissenschaften anzusehen sind, erstrecken, und diese müssen recht auf die Oeconomie angewendet werden.

Wenn es dem Oeconomen an der rechten Kenntniß natürlicher Dinge, und an der rechten Einsicht selbige nach den vorliegenden Umständen, physisch, medicinisch, chymisch, mechanisch ꝛc. zu behandeln, fehlet, wieviel Fehler wird er begehen? und wird er also auch selbst den Nutzen haben, und andern verschaffen können, der von einem in allen Theilen der Oeconomie, im Zusammenhange mit der Naturlehre und Naturgeschichte, der Chymie, Mechanic, und den übrigen hierher gehörigen Wissenschaften wahrhaftig Gelehrten zu erwarten ist?

Wie-

Wieviel klägliche Beweise von der Unwissenheit solcher Männer, die von Jugend auf bey der Oeconomie hergekommen, und dabey grau geworden sind, bekömmt man nicht zu sehen, zu hören und in öffentlichen Blättern zu lesen!

Hier wurden verschiedene aus öffentlichen Blättern vorgelesen, davon einer, der bey der Oeconomie nicht hergekommen ist, die Unwissenheit der Verfasser einzusehen im Stande ist.

Eben so sieht es mit vielen neuen Beschreibungen des Ackerbaues in verschiedenen Gegenden, und den Vorschlägen zur Verbesserung aus. Sie sind contra principia, und zu nichts nütze, als die noch herrschende Unwissenheit zu erkennen.

Gelehrte Oeconomen darzustellen, muß der Policey ja wohl eben so angelegen seyn, als gelehrte Juristen und Aerzte, weil ein Staat mehr gelehrte Oeconomen braucht, als Rechts- und Proceßgelehrte, Aerzte, u. s. f.

Ich finde hierbey nur dieses zu erinnern, daß in dem erwehnten Entwurfe zu einer oconomischen Academie mit auf die Bergwerks-

werkswissenschaft das Absehen gerichtet worden, und der Plan daher etwas weitläuftiger geworden ist: wo man aber besondere Bergacademien hat, da fällt das weg, was davon angeführet ist: dagegen lassen sich mit einer solchen Academie andere nützliche Anstalten verbinden; Z. E. besondere Vieharzeneyschulen, Schäferschulen, Manufacturschulen und dergleichen.

Wenn man dergleichen Anstalten, wie hin und wieder geschieht, einzeln anleget, so kömmt mir das so vor, als wenn ein Bildhauer an einer Statue nur einen Fuß oder Arm völlig auszuarbeiten suchte, alle übrige Theile des Ganzen aber unbearbeitet lassen wollte.

Würde die Oeconomie an mehrern Orten practisch gelehret, wie beschwerlich würde das für diejenigen seyn, die von allen Theilen practischen Unterricht verlangen.

Dieses ward im Discurse noch begreiflicher gemacht.

Es ist gar nicht zweifelhaft, daß sich der Nutzen von einer öconomischen Academie in kurzem auf ein ganzes Land verbreiten

ter werde, wenn man zu öconomischen Aemtern wirkliche Gelehrte befördern kann, die sich Einsicht in den Gang dieser weitläuftigen Wissenschaften, und auch schon einige Erfahrung in einer so kurzen Zeit zu acquiriren Gelegenheit gehabt haben, als zum Curriculo eines Studiosi œconomiæ erfordert wird; es muß nur die Policey hernach den rechten Gebrauch davon machen, und im Lande dergestalt umher versetzen, daß sie weiter dem Landmanne Anweisung geben, wie er beym Ackerbaue sowohl, als bey den übrigen Nahrungsgeschäften nach Gründen verfahren müsse.

Die Policey muß dieses gute Werk in Gang bringen: die Academie macht die Glieder der Uhr, die Policey setzt sie zusammen, und hängt das Gewichte daran, damit die Uhr nicht stehen bleibt.

Es haben verschiedene, die den handwerksmäßigen Betrieb des Ackerbaues wohl einsehen, den Einfall gehabt, es sollte einigen vom Bauerstande zur Pflicht gemacht werden, öconomische Reisen zu thun, oder sich auf die Wanderschaft zu begeben. Der

C   Herr

Herr Rath Bernhard ist der Meynung in der Policey der Dörfer S. 53. noch ausführlicher aber wird davon gehandelt, in dem von mir beym rten §. schon angeführten wirtenbergischen Wochenblaete von 1769. St. 1. Der Verfasser des letztern will, daß diejenigen die mit der Zeit Schulzen einer Dorfgemeinde zu werden verlangeten, vorher dergleichen Reise zu thun angehalten werden sollten. Aber wohin? —

Alsdenn glaube ich, würde ein solches Reisen von Nutzen seyn, wenn dem Reisenden von einer Academie alles Verfahren beym Ackerbaue und andern wirthschaftlichen Dingen mit Gründen deutlich und überzeugend erkläret und vor die Augen gestellet würde; und solchergestallt könnte der Nutzen einer öconomischen Academie in kurzer Zeit noch ausgebreiteter werden.

Es ist hier nicht der Ort, alle Vortheile überhaupt und ausführlich vorzustellen, die ein Land von einer öconomischen Academie in kurzer Zeit ziehen könnte, wenn die Lehrer gehörig unterstützet und ermuntert, Lernende, die sich hervorthun

thun, befördert, und auch andere, besonders Künstler und Manufacturiers, die zum Aufnehmen einer solchen Anstalt etwas beytragen können, mit allerhand Begnadigungen an den Ort der Academie gezogen würden.

Colbert errichtete die Academie der Wissenschaften zu Paris, vornehmlich in der Absicht, daß die Manufacturen durch Unterweisung auffommen möchten: und die *Descriptions des arts et des metiers,* die wir den Gliedern der Academie zu danken haben, geben genugsam zu erkennen, daß diese Absicht nicht fehl geschlagen, und was Gelehrte zum Aufnehmen des Nahrungsstandes eines Landes auch in diesem Stücke beytragen können. Genug hievon.

§. 4.

Wie auch viel an dem Pflügen gelegen, so wäre, um den Saamen gleicher und tiefer in die Erde zu bringen, ein Versuch zu thun, ob nicht die gemeine Pflugart könnte a) verbessert werden; wie denn auch den Saamen

fruchtbar zu machen nicht alle b) Künste außer Acht zu laßen.

a) S. hiervon die II. Abtheilung S. 6. §. 9. b) ibid. §. 12. Magni Strömbergs *diff. de nova agriculturam emendandi ratione*, ins Teutsche übersetzt im VII Stücke der öconomischen Fama, und die in der II Abth. S. 6. §. 12. angeführte Schriften.

Die Policey muß veranstalten, daß beym Ackerbaue nach Gründen durchgehends verfahren wird, so wird er eo ipso durchgehends verbessert werden. Diese Gründe sind in der angeführten II Abtheilung vorgetragen, es ist auch zugleich erörtert worden, was von der gleichen und tiefen Einbringung des Saamens in die Erde überhaupt, und besonders mit den Säemaschinen von unterschiedener Bauart, worauf der Herr Autor hier zielet, zu halten sey?

Ueber die Säemaschinen habe ich mich in den Anmerkungen zu der französischen Schrift vom Ackerbaue im XII Theile meiner neuen Cameralschriften S. 339. also erkläret: Die Säemaschinen sind für den Bauer

des Ackerbaues.

Bauer zu philosophisch, und nicht mit seinen Steuern und Gaben verhältnißmäßig eingerichtet, und wo sie eine zeitlang Mode gewesen, da werden sie nun auch altväterisch. Wir können mit geschickten Pflügen und Egen mehr ausrichten, als mit allen Säemaschinen von engländischer, französischer, schwedischer, teutscher ꝛc. Erfindung ausgerichtet worden ist: folglich hat sich die Policey, meiner Meynung nach, um die Säemaschinen nicht zu bekümmern.

Die Principia der Düngung sind ebenfalls in der angeführten II Abtheilung schon vorgetragen, und es ist zugleich gelehret worden, was von den Künsten, den Saamen zu imprägniren, zu halten sey? mithin bedarf dieses hier keiner Wiederhohlung.

Hier giebt uns unser Herr Autor nur die Veranlassung, von den Instrumenten zum Ackerbaue, ingleichen von den Wagen und Geschirren der zum Ackerbaue nöthigen Thiere etwas zu gedenken.

Die Policey findet dabey allerdings sehr viel zu verbessern, mithin muß sich auch ihre Vorsorge darauf erstrecken, weil der

Ackerbau, und was sonst dazu gehöret, viel leichter und mit wenigerem Aufwande und Schaden getrieben werden kann, wenn die gemeinen Fehler, die überall, sowohl in Ansehung der Bauart dieser mechanischen Körper, als ihres Gebrauchs, in die Augen fallen, dabey vermieden werden.

Die dießfälsigen Fehler sind in den meisten Staaten noch sehr groß; in einigen zwar nicht so beträchtlich, dennoch aber Fehler.

S. den Hausvater Th. I. S. 4 u. f.

In Böhmen sahe man noch vor 2 Jahren mit Erstaunen in einer Fluhr und einerley Boden mit zweyerley Pflügen die Erde aufreißen. Ein überaus großer und schwerer Pflug quälte das Ackervieh aufs äußerste; der andere war kleiner, und der Beschaffenheit des Bodens und Ackerviehes etwas angemeßener. Auf Befragen nach der Ursache dieser seltsamen Erscheinung, lautete die Antwort: jener wäre ein adlicher, dieser aber ein Bauerpflug.

In der öconomischen Abhandlung habe ich nicht allein viele Fehler angezeiget;

und

des Ackerbaues.

und an Modellen erkläret, sondern auch verbesserte Modelle von verschiedener Art vorgeleget, und das nöthige daran demonstriret, mit dem Wunsche, davon noch dereinst im Großen Gebrauch machen zu können.

Es ist daselbst auch von der rechten Einrichtung und Verbesserung der Leiterwägen, und der Kümter auch Joche der Ochsen, geredet, und mit Modellen von allerley Art die Sache deutlicher gemacht worden.

Durch die öfters ganz unvernünftig eingerichtete Kümter, erschweret man dem Viehe die Arbeit ohne Noth; man verursacht, daß es nicht soviel verrichten kann, als es sonst thun könnte, und man richtet es in kurzer Zeit zu Grunde; welches Schicksal insonderheit die unglücklichen Fuhrmannspferde trift.

Wenn nun der Landmann alle Fehler einzusehen und zu verbessern nicht im Stande ist, und wenn ihm, außer der Unwissenheit, das Vorurtheil der Gewohnheit und die Nachläßigkeit abhält, auf sein eigenes Beste dabey zu achten; so muß die Policey das thun, was ein redlicher Vormund mit

C 4 sei-

seinem Pflegbefohlenen thut, der sein Bestes nicht beherzigen kann, oder will: oder die Polizey muß erstlich das thun, was Academieen der Wissenschaften, oder öconomische Societäten thun, die durch Preisaufgaben etwas gewisses in dergleichen Dingen bestimmen lassen, wo die Fehler noch gar zu gemein sind.

Aber sie muß noch mehr thun, als die Academieen und Societäten thun können: sie muß durchsetzen, daß das befolget wird, was für das Beste erkannt worden ist; oder sie muß die Verbesserung durch einen billigen Zwang einzuführen suchen.

Oeconomische Academieen würden auch zu diesem Zwecke verschiedenes beytragen und in der Ausübung andern mit gutem Exempel vorgehen können.

Hier ward der einspännigen Wägen gedacht, die mit der wenigsten Ermüdung des Pferdes, die meiste Last fortzuführen vermögend sind, nach der Aufgabe der königlichen schwedischen Academie der Wissenschaften, und der Preisschrift in Herrn D. Schrebers neuen Cameralschriften Th. V. S. 374, und

des Ackerbaues.

und ein Modell von einem zweyspännigen oder vierrädrigen Wagen, der auf diese Art gebauet ist, nebst andern vorgezeiget und erkläret.

Es ward ferner aus Mortimers Feld= und Ackerbaue Th. 1, S. 296 angeführet, daß in England durch eine Parlements=Acte bestimmet worden, wie es in Ansehung der Räder, sonderlich für die Frachtwägen, und ihre Bespannung gehalten werden solle, welches wegen der Conservation der Strassen, Schonung der Pferde und Bequemlichkeit des Fortbringens der Güter von Nothwendigkeit erachtet worden.

Es ward sich zugleich auf folgende Schriften bezogen:

Marperger von der Gärtnerischen Verbesserung der Lastwägen.

Des Herrn Barons Brauner Landwirthschaftsbuch in schwedischer Sprache.

Neumann von Verbesserung des Ackerbaues, nebst einem Anhange von Verbesserung der Wägen.

Abhandlung von verschiedenen Arten, der Wägen, Karren und anderer Fahr=

Fahrzeuge. Aus dem Franz. über=
setzt. In Mscpt..

Es ward der Innhalt davon kürzlich
angeführet, und, in wie ferne die Po=
licey von solchen Schriften Gebrauch
machen könne, vorgestellt.

§. 5.

Der Freyherr von Schrödern hat
in seiner fürstl. Schatz= und Rentcammer
C. 79. §. 15. in Vorschlag gebracht, den
Acker durch Sclaven, und nach dem Ex=
empel der Engländer und Holländer in
Westindien bestellen zu lassen, als wo=
durch alle Dinge viel wohlfeiler würden
können erzielet werden. Wie aber die
in Teutschland hin und wieder befindli=
chen Leibeigenen nicht viel besser sind als
die Sclaven, so würde die Frage ent=
stehen, woher diese zu bekommen?

Dieser seltsame Einfall ist schon in der
II Abtheilung Cap. VI. §. 9. in Erörterung
gezogen worden.

Hier erinnere ich mich der Dissertation,
die Herr D. Surland zu Göttingen 1749.

de

de servitute in rempublicam revocanda gehalten hat.

Sie ward im Discurse kürzlich beurtheilet.

Wenn wir auch Sclaven bey uns haben könnten, und sie zum Ackerbaue mit zu gebrauchen wären, so würde derselbe dennoch dadurch kein besseres Ansehen gewinnen, und in Aufnehmen zu bringen seyn.

Ueberhaupt müssen die Nahrungsgeschäfte unter andern auch durch gemäßigte Freyheiten befördert werden, und die hinderlichen Ueberbleibsel des in den vergangenen Zeiten äußerst confus getriebenen Ackerbaues, dergleichen die Leibeigenschaft ist, müssen nach und nach abgeschaft werden, davon an einem andern Orte ausführlicher zu reden Gelegenheit vorkömmt.

Kein vernünftiges und gesittetes Volk kann Sclaven haben, ohne die Rechte der Natur und Menschheit zu beleidigen. Justi Grundfeste, Th. II, S. 148.

Ich bin sogar der Meynung, daß die Frohndienste, nach ihrem gewöhnlichen Gebrauche, dem gemeinen Wesen mehr Schaden, als Nutzen bringen. Ein Fröhner ver-

versäumet seine eigene Arbeit, und dreye verrichten kaum soviel, als ein Tagelöhner.

S. Wigands Landwirth. Th. I. S. 95.

Es giebt überdieß Fröhner, die so pflügen, wie jener Bauer, der die Furchen für seinen Amtmann so weitläuftig und überhin machte, wie die Zeilen in einer aus dem Amte erhaltenen Abschrift eines Satzes, in seinem vor dem Amte anhängigen Processe, und sich auf die Art, wie der Amtmann: das sey copialiter geschrieben, entschuldiget, nehmlich: das sey copialiter geackert.

Es würde dem gemeinen Wesen Vortheil bringen, wenn an solchen Orten, wo man Tagelöhner genug haben kann, die Dienste, bis auf einige nothwendige, die in der II. Abtheilung schon angeführet worden sind, in Geld verwandelt würden, und wenn man die Handarbeit durch Tagelöhner, die Arbeit mit Pferden aber durch eigene Gespanne verrichten ließe.

Es ist in der II. Abtheilung dem Herrn Verfasser des Hausvaters Th. I. S. 103. zwar beygepflichtet worden, da er

er zum Umreißen der Brachäcker eigene Pferde gebrauchet müssen, weil die Hüfner ihre Pferde gemeiniglich schonen, und nicht mit der Sorgfalt, wie eigene Leute pflügen, auch öfters schlechtes und abgetriebenes Vieh haben: es sind aber auch zugleich die Einschränkungen dieser Regel und die nothwendig beyzubehaltenden Dienste mit mehrerem angezeiget worden.

Man hat an verschiedenen Orten die Vortheile einzusehen Gelegenheit gehabt, wo die Dienste zum Theil in Geld verwandelt worden sind.

Auch hiervon sind bey der öconomischen Abhandlung in der II. Abtheilung, dahin die Sache eigentlich gehöret, verschiedene Beyspiele zur Erläuterung angeführet worden.

§. 6.

Wo der Grund und Boden gut, und andere Umstände es zulassen, würde auch die hollsteinische a) Eintheilung der Aecker in mehr als gewöhnliche

che drey Felder, einzuführen sehr vortheilhaftig seyn.

a) S. hiervon eben die II. Abtheilung C. 6. §. 4.

*   *   *

An dem angeführten Orte der zwoten Abtheilung habe ich bereits weitläuftig erwiesen, daß die hollsteinische, auch mecklenburgische Eintheilung, und Bestellung der Aecker unregelmäßig und keines Wegs ein Muster sey, das andermärts nachgeahmet zu werden verdienet.

Wo sie nicht eingeführet ist, da hat sich die Policey nicht darum zu bekümmern, daß man nichts davon weiß; und wo sie eingeführet ist, da hat sie dafür zu sorgen, daß sie abgeschaft werde.

Zum regelmäßigen und ergiebigen Fruchtbaue gehöret unter andern, daß die Felder vom Unkraute und besonders von den Quecken rein gehalten werden.

Das ist aber nicht zu erhalten, wenn sie abgewechselt Gras zur Viehweide und Getreyde tragen sollen. Wiesen oder Hutplätze und Getreydeäcker müssen von einander

der unterschiedene Grundstücke bleiben: ob es gleich auch Gelehrte giebt, die das gegentheilige Verfahren für die rechte Nutzungsart der Felder ausgeben, Z. E. der Herr von Justi in der Policenwissenschaft Th. I. S. 358.

Diese verkehrte Wirthschaftsart würde aufhören, wenn die Bauern in solchen Ländern, wo man sich noch viel darauf zu Gute thut, vermehret, zu freyen Leuten gemacht, und die Ländereyen mit dieselben erblich überlassen würden; und wenn man sie zugleich überzeugend belehrete, wie der Ackerbau sowohl, als der Wiesenbau wissenschaftlich, d. i. nach richtigen Grundsätzen, nützbar zu betreiben sey.

Im übrigen ließe sich die gewöhnliche Eintheilung der Felder in drey Arten abschaffen, ohne die hollsteinische oder mecklenburgische Koppelwirthschaft nachzumachen; und es geht dieses nicht allein in solchen Fluren an, wo der Grund und Boden gut, sondern auch in solchen, wo er von mittelmäßiger Beschaffenheit ist, wenn man nur völli-

völlige Freyheit hat, mit den Feldern zu thun was man will.

Welchergestalt bey regelmäßigem Betriebe des Ackerbaues die nachtheilige Braache im dritten Jahre zur Viehweide wegfalle, und die Aecker theils zu verschiedenen Früchten, theils zu Futtergewächsen zu nutzen, das ist noch aus der öconomischen Abhandlung dieser Materie erinnerlich.

§. 7.

Bey den Arten der Feldfrüchte hat ein Landesherr mit auf des Landes Interesse zu sehen; wie denn in Engeland kein Taback darf gepflanzet werden, damit den westindischen Plantagen nicht Schaden geschehe; sonst aber zu beobachten, daß dasjenige, so zum täglichen Unterhalte nöthig, vorgezogen a) werde.

 a) S. hiervon den Herrn von Schrödern C. LXX, §. 13. 14.

Die Policey kann um den Bau der Früchte in einem Lande nicht unbesorget seyn. Sie

Sie muß dafür sorgen, daß alle Arten von Früchten erbauet werden, die im Lande mit dem grösten Nutzen erbauet werden können, und zuförderst diejenigen, die zur allgemeinen Nothdurft des Landes unentbehrlich, sodann die, so am besten und geschwindesten in Geld zu setzen, zu den Landes-Manufacturen und dem Handel diensam, und mit Vortheile ausserhalb Landes, um dafür Geld ins Land zu ziehen, zu vertreiben sind.

S. des Herrn Admirals Ankarkrona Rede von der Verbindung zwischen dem Ackerbaue, den Manufacturen und dem Handel im V. Theile der Büsowischen Sammlung. H. D. Echrebers S. zum Herrn Steuarts Grundsätze der Staatswirthschaft Th. I. C. 6.

Dieses ward vorgelesen und erläutert.

Alle Früchte zusammen kann kein Land erbauen.

Non omnia fert omnis tellus.

Solche Früchte, die wir aus andern Ländern wohlfeiler und an Güte besser bekommen, als bey uns erbauen können, hat die Policey nicht Ursache zum Anbaue zu befördern.

D

Die

Die Policey

Die Policey einer gewissen Provinz encouragirte ehemals den Reißbau, ohne die großen Beschwerlichkeiten zu bedenken, die damit verknüpft sind, und die ich in der öconomischen Beschreibung der Feldgewächse angeführet habe: es ward daher auch aus der Sache nichts.

Unter den unterschiedenen Arten unserer Feldfrüchte ist immer eine nußbarer, als die andere; wie Sie sich aus der öconomischen Beschreibung derselben in der II. Abtheilung noch erinnern werden.

Sie werden sich auch von daher noch erinnern, was für Arten unter denen zu verstehen sind, die zu innländischen Manufacturen und zum Handel diensam sind; z. E. die sogenannten Specerey- und Arzeney-Färberey, und Oelgebende Gewächse, Lein, Hanf, ꝛc. verschiedene Getreydearten und dergleichen.

Noch bis dato aber scheinet die Policey verschiedener Staaten sich vorbehälten zu haben, erst künftig zu bestimmen, welche Arten von Feldfrüchten die vortheilhaftesten, und

und welche für die unterschiedenen Landesgegenden die schicklichsten seyn möchten.

Der Herr Baron von Schrödern redet an dem von unserm Herrn Autore angeführten Orte von den westindischen Zucker- und Tabacksplantagen, die, nebst den Anilplantagen, den Engländern beträchtliche Handelsartickel verschaffen.

Dieses veranlasset mich, hier von dem Baue des Zuckerrohrs und Tabacks bey uns, nur etwas zu gedenken.

Das eigentliche Zuckerrohr (Saccharum officinarum) kömmt bey uns unter freyem Himmel nicht fort, obgleich Herr Marperger in seinem Plantage-Tractate S. 17. gewiß verkehrt zu seyn vorgiebt, daß wo Wein wächset, auch Zuckerrohr wachsen könne; und wenn auch der Saft nicht ganz zeitig würde, und in der Rafinirung viel harten Zucker gäbe, dennoch derselbe lieblich und zu einem herrlichen Weine zu gebrauchen wäre.

Ohngefähr vor 14 bis 16 Jahren ward in den öffentlichen Zeitungen gemeldet, man
habe

habe in einer gewissen großen Stadt, in einem landesherrlichen Garten, den Versuch gemacht, das Zuckerrohr anzubauen, und es ließe sich damit gut an; allein in der Folge ist man von dem Gegentheile überzeuget worden.

Als der Herr von Justi noch Policeycommissarius zu Göttingen war, brachte er in Vorschlag, auf der lüneburger Heyde Zuckerplantagen anzulegen, und zu dem Ende den Mays, oder sogenannten türkischen Weitzen, daselbst im Großen zu erbauen, ohne den Unterschied unter der großen, mittlern und kleinen Art dieses Gewächses zu kennen, davon nur die erste einen Zucker giebt, und in Westindien zu diesem Zwecke angewendet wird; aber ein anderes Clima zu ihrem Wachsthume erfordert, als das ist, für welches der Herr von Justi eine so gute Meynung hegete.

In der öconomischen Abhandlung der Feldgewächse sind einige nahmhaft gemacht worden, (besonders Holcus saccheratus) die zwar Zucker geben, und bey uns fortkommen;

des Ackerbaues.

men; aber mit ungleichem Vortheile gegen andere von unsern Feldgewächsen, und gegen den Preis, in welchem wir den Zucker, der aus dem eigentlichen Zuckerrohre gemacht wird, kaufen können.

Im übrigen hat der Herr von **Griesheim** im Tractate vom Hamburg, S. 128. die Frage beantwortet: können große Staaten mit Gewißheit hoffen, daß Zuckersiedereyen in ihren Landen mit wahrem Nutzen der Unterthanen, sich eben so, wie in Hamburg über kurz oder lang ausbreiten dürften?

Was den Tabacksbau anbetrift, so ist derselbe nicht für alle Gegenden gleich einträglich, und dessen Anbau durchgehends zu encouragiren, wie Sie aus der öconomischen Beschreibung wissen: alsdenn aber wird der Tabacksbau gar schädlich, wenn man ihn im Lande mit Verschwendung vielen Düngers, den man zu andern Früchten nöthiger brauchet, mühsam erbauet, sodann roh außer Landes verführet, daselbst zubereiten läßt, und hernach zubereitet wieder

des Anführet, welches in verschiedenen solchen Ländern gewöhnlich ist, wo das schon mehrmals angemerkte Principium statt findet: ein jeder thut, was er will.

Ich übergehe hier mehrere Gewächse die nicht überall mit gleichem Succeß und Vortheile erzeuget werden können, und aus der öconomischen Beschreibung bekannt sind; werde aber noch am Ende dieser Abhandlung der Policen des Ackerbaues, einige Anmerkungen zu dem, was zum Ordnungswesen in Ansehung der Feldfrüchte gehört, hinzufügen.

§. 8.

Das Getreyde auf dem Felde gegen die Heuschrecken zu bewahren, ist das Kehren oder Treiben derselben in gemachte a) Graben, das beste Mittel bisher befunden worden; gegen andern Schaden aber müssen die Schaafe nicht zur Unzeit, insonderheit wenn schlackigt Wetter im Winter ist, auf die Saat hüten, b) die Sperlinge, c) aus-

des Ackerbacks.

e) ausgerottet und die Näſſe im Frühjahre abgezogen werden.

α) S. hiervon die Edicte vom 31. Mart.
1682. und das 3te Stück der öconomiſchen Fama.

β) S. die Flecken = Dorf = und Acker-
ordnung von 1702. §. 22.

γ) Edicte vom 26. Jan. 1701. und
11. Dec. 1721.

* *
 *

Unſer Herr Autor hat ſo viel ſagen
wollen: Die Policey träget alles behuhige
zur Kenntniß und Anwendung der rechten
Mittel bey, die zur Abwendung alles deſ-
ſen dienen, was dem Getreydebaue nachtheilig iſt; und beſonders ſorget ſie für den
Gebrauch der Mittel zur Abhaltung derer
Geſchöpfe, die den Feldfrüchten Schaden
thun.

Was der Herr Autor von der Abzie-
hung der Näſſe im Frühjahre ſagt, das
gehört zu den Regeln einer naturmäßigen
Cultur der Aecker, oder eines vernünftigen
Ackerbaues, die die Policey in der höhern
Inſtanz durchgehends im Lande einzufüh-

D 4 ren

ren, und durch die Policey in den untern Instanzen geltend zu machen suchen muß.

Wenn man nun in so vielen Feldfluren das Gegentheil davon, und unzählich andere gröstentheils weit schädlichere Abweichungen von den Regeln des Ackerbaues mit Augen zu sehen bekommt, (und einem Kenner der Sache fallen sie in die Augen, wenn er auch nicht darauf aufmerksam ist) sollte da wohl ein Zweifel übrig bleiben, daß es um den Ackerbau im Ganzen noch sehr schlecht beschaffen sey, oder daß er mit beständigem Schaden getrieben werde, weil man ihn bloß empirisch, ohne richtigen Grundsätzen zu folgen, treibt; und daß die Policey, wenn ihr anders das allgemeine Beste nicht eine ganz gleichgültige Sache ist, hier viel Gelegenheit habe, große Verbesserungen zu machen?

Wie hoch würden an vielen Orten die Rechnungen ausfallen, wenn man das lucrum cessans und damnum emergens, das sowohl von der Unregelmäßigkeit des Verfahrens beym Ackerbaue, und von der

Nach=

des Ackerbaues.

Nachläßigkeit des Landvolks, als von dem Mangel der Aufsicht und der Vorsorge der Policey für diesen starken Zweig des Staatsvermögens herrühret, in Anschlag bringen sollte?

Was hilft es, wenn in der Stube noch so viel davon gesaget wird, was zur Ausübung des Ackerbaues nach richtigen Grundsätzen gehöret, wenn davon kein Gebrauch gemacht wird? und was hilft es, wenn auch in allgemeinen Policeyverordnungen verschiedenes davon stückweise angeordnet wird, wie in den von unserm Herrn Autore angeführten Edicten, Flecken-Dorf- und Ackerordnungen? werden dadurch wohl gelehrte Landwirthe gebildet, und wird der Ackerbau nun im Ganzen gebessert werden? Keinesweges.

Das System des Ackerbaues ist von der Beschaffenheit, daß wenn bey der Ausübung nicht alles im Zusammenhange beobachtet wird, nicht allein der Nutzen verfehlet, sondern auch noch wichtiger Schaden verursachet wird. Doch genug hiervon!

Ich

Ich habe hier nur so viel sagen sollen: die Schäden welche von den Abweichungen von den Regeln des Ackerbaues entstehen, gehören nicht unter die Schäden, welche Heuschrecken, Sperlinge und dergleichen verursachen.

Wenn der Herr Autor von jenen Schäden, die der Unwissenheit und Nachläßigkeit des empirischen Landwirthes zu Schulden kommen, hätte reden wollen, so hätte er insonderheit die Unreinigkeit der Getreydeäcker von Unkräutern anführen sollen.

Wie oft sehen dergleichen Aecker einer Wiese ähnlicher als Grundstücken, die Getreyde tragen sollen; so, daß man darauf zu botanisiren Gelegenheit hat! Und dennoch zweifelt man noch, daß der Ackerbau Verbesserungen leide! und dennoch läßt man solche Wirthe für gute Wirthe paßiren, die gute Früchte und Unkräuter untereinander, und oft mehr von diesen, als jenen, erbauen!

Ich werde aber am Ende dieser Abhandlung noch eine besondere Policeyanmer-

des Ackerbaues.

merkung von der Vertilgung des Unkrauts anfügen.

Von den Schäden, die den Feldfrüchten theils von wilden vierfüßigen und geflügelten Thieren; theils von zahmen ebenfals vierfüßigen und geflügelten Thieren; theils von Insecten, und zwar theils gewöhnlichen, theils denen, die zu den grossen Heeren, die der Schöpfer aus bewegenden Ursachen zuweilen zur Züchtigung des Menschen brauchet, gehören; theils von Menschen durch Fahren, Reiten, Gehen, Stehlen, Feueranlegen u. s. f. zugefüget werden, ist in der öconomischen Abhandlung des Ackerbaues ausführlich geredet, und es sind zugleich gegründete Mittel dagegen angezeiget worden.

Die von Thieren und Insecten herrührende Schäden belangend, so hat man zuweilen, und vornehmlich wenn die Schäden beträchtlich geworden, die Policey in den höhern und niedern Instanzen, von den Mitteln dagegen Gebrauch machen gesehen, und es sind dießfalls verschiedene einzelne

einzelne Edicte und Verordnungen hier und da durch den Druck bekannt gemacht worden: allein es ließe sich wohl durch ein allgemeines Policengeſetz hierinne auf alle Fälle etwas gewiſſes diſponiren, und es könnte der Getreydebau durch die kräftigſten Mittel, in ſo ferne dieſelben in menſchlicher Gewalt ſind, für ſolchen Beſchädigungen, die oft groſſe Ausnahmen von der Nutzung der Aecker machen, in mehrere Sicherheit geſetzet werden, als darinne, er ſich gegenwärtig befindet.

Auch in dieſem Stücke vermißt man den Unterricht des Landmannes und die Policey.

Ueber wie viel Schäden, die wohl hätten abgewendet werden können, hört man nicht den armen Landmann klagen? und wie oft wird er nicht veranlaſſet, in öffentlichen Intelligenzblättern anzufragen, wie er ſich zu verhalten habe, wenn ihm ſchon ein groſſer Theil ſeines Getreydes verheeret iſt?

Wie oft und in wie verſchiedenen Blättern iſt nicht vorhin und noch vor kurzen

an=

des Ackerbaues.

ausgefraget worden? wie die Werre, oder der sogenannte Reitwurm (Gryllotalpa) zu vertilgen sey? und wie vielerley Vorschläge zu diesem Zwecke zu gelangen, hat man nicht zu lesen bekommen, die theils unnütz, theils viel zu mühsam und langweilig sind.

Mit Rösels Insectenbelustigung und andern Büchern, daraus der Landmann im Falle der Noth sich Raths erhohlen könnte, hat er keine Bekanntschaft: auch den Gelehrten selbst fehlt es noch zu sehr an der Bücher - und noch mehr an der Naturkenntniß.

Hätte man doch nur von Herrn Reicharts Nachricht von den dreyen Brunnen zu Erfurt und von dem darinne befindlichen Mittel wider die Werre, das ich Ihnen, nebst andern, in der öconomischen Abhandlung dieser Materie angezeiget habe, Kenntniß gehabt, so würde man nicht zu soviel andern die Zuflucht zu nehmen Ursache gehabt haben, die entweder von gar keiner, oder sehr geringer, langsamer und mit vieler Mühe verbundener Wirkung sind.

Ich

Ich will nicht wiederholen, was ich in der ōconomischen Abhandlung dieser Materie von den Schäden, die von wilden und zahmen Thieren, besonders von den Feldmäusen, und von vielerley Arten von Insecten, auch von den Zugheuschrecken, gegen welche um die Zeit, da der Herr Autor seine Einleitung in die Cameralwissenschaften zuerst herausgab, ganze Regimenter in Marsch gesetzet wurden, und den Mitteln dagegen bereits weitläuftig angeführet habe; nur von den Sperlingen, auf deren Vertilgungs-Edicte der Herr Autor sich hier beziehet, will ich noch einmahl etwas sagen.

Des Herrn **Kretschmars** Rechnung, die ich Ihnen schon ehedem angezeiget habe, nach welcher er die Sperlingsschäden in den brandeburgischen Landen mit den zu Unterhaltung aller königlich preußischen Cavalerieregimenter erforderlichen Kosten egalisiret hat, ist zwar übertrieben; wenn man ihnen aber in der Fortpflantzung ihres Geschlechts keinen Einhalt thut, so werden die Schäden, die sie den Feld- und Gartenfrüch-

früchten zufügen, groß genug und sehr empfindlich, und man bekömmt sodann solche Exempel zu hören, daß Pächter und ganze Dorfgemeinden um Remiß, wegen erlittenen Sperlingsfraßes am Getreyde zu bitten sich unterfangen, und von der ersten Policeyinstanz in ihren Suchen begünstiget werden. —

Herr Kretschmar und andere, die sich gegen die Sperlinge nicht wohl vorgesehen, sind auch viel zu weit gegangen in dem Eifer, nach welchem sie die Sperlinge ganz ausgerottet, oder von dem Erdboden vertilget wissen wollen.

Die Sperlinge machen ein Glied aus in der Kette der Natur, die sich nicht zerreißen läßt.

Man kann ihrer so wenig ohne Schaden entbehren, als der Art von Krähen, die dem Getreyde, sonderlich dem Hafer, Schaden thun, und daher Haferrücken genennet werden.

Sie erinnern sich noch, daß ich Ihnen aus des Herrn von Linnee Schrift *de noxa inse-*

insectorum, ehedem, angeführet habe, daß die Engländer diese Vögel in Amerika, wegen des ihren Plantagen zugefügten Schadens, mit erstaunlichen Kosten vertilgen lassen, es aber hernach gar sehr zu bereuen Ursache gehabt; ingleichen daß im Hannöverischen eine Verordnung, wegen Einlieferung einer darinne bestimmten Anzahl-Krähenköpfe, wieder aufgehoben werden müssen, weil ein gewisser Erdwurm, den die Krähen vermindern, weit größern Schaden an den Feldfrüchten angerichtet hätte.

Die Nachricht hiervon finden Sie in den hannöverischen nützlichen Sammlungen vom Jahre 1757. Der Erdwurm aber ist daselbst nicht kenntlich genug gemacht worden.

Wir müssen bey schädlichen Thieren, und ihrer Verminderung, allezeit auf die Haushaltung der Natur sehen, und der Natur folgen, oder wir werden sehr weit vom Zwecke wegschießen, und uns nicht allein schämen, sondern auch die Schuld beymessen müssen, wenn wir als Ungelehrte in

denen

denen Wissenschaften die mit der Oeconomie aufs genaueste verbunden sind, gehandelt und uns dadurch Schaden zugezogen haben.

Vermindern muß man allerdings schädliche Thiere; aber nicht ganz ausrotten wollen: sodann muß man auf Mittel bedacht seyn, sie abzuhalten, daß sie nicht Schaden thun.

Der Bauer thut es nicht, ohne dazu angewiesen und angetrieben zu werden; und das ist das Werk der Policey, nicht allein in Absicht auf die Sperlinge, sondern auch andere Geschöpfe, die gleichen und noch größern Schaden anrichten.

In einem der neuesten Stücke der wittenbergischen Anzeigen (von 1769, 26. S. 211.) befindet sich auch eine Klage über die Sperlinge, dergleichen ich bisher mehrere von verschiedenen Orten zu lesen bekommen habe. Der Herr Verfasser bringt in Vorschlag, an statt des zwecklosen Scheibenschießens, zu gewissen Zeiten ein Sperlingsschießen anzustellen: in dem Zusatze zu diesem

sem Vorschlage aber wird dagegen erinnert, das Sperlingsschießen würde wohl eine nützliche Lust seyn, wenn nur die Sperlinge, wie das Wild, in großen Haufen könnten zusammen getrieben werden.

Dem Herrn Verfasser dieses Zusaßes muß wohl ganz unbekannt gewesen seyn, wie man auf einen Schuß 100 und mehr tödten kann.

Die Nachricht hätte ihm aber doch bekannt seyn können, die in den Abhandlungen der königl. schwedischen Academie der Wissenschaften Theil VII. S. 156. befindlich ist:

> Sie ward vorgelesen, und es wurden zugleich die übrigen daselbst an die Hand gegebenen Mittel, die Sperlinge auszurotten, geprüfet. Jene Nachricht lautet also:

„Das Schießen ist wohl die beste und lustigste Art, diese kleinen und schädlichen Thiere auszurotten.

Diejenigen, welche dieses Schießen wohl verstehen, haben auf einen Schuß 100 und mehr bekommen.

In

des Ackerbaues.

In Schonen ist eine allgemeine Erzählung, ein Bauer, der nicht weit von dem Orte gewohnt, wo jetzo Christianstadt liegt, habe auf einmal einen ganzen Kober voll Sperlinge geschossen, und solchergestalt seine Wette gegen den König Christian IV in Dännemark gewonnen, welcher sich daselbst aufhielt, bemeldete Stadt zu bauen, und bey seinem öftern Hin- und Wiederreisen oft bey diesem Bauer das Nachtlager nahm.

Hiezu wird zuerst eine große Büchse von einem ziemlich großen Caliber erfordert, und kleiner Schroot, den man aber ja nicht sparsam nehmen muß.

Zweytens muß man für die Sperlinge, eine lange Reihe Sprey und darüber dünne Korn streuen.

Diese Reihe muß 10 bis 12 Ellen lang seyn. Sie kann 20 oder mehr Ellen von der Thüre, oder dem Orte, woraus man schleßen will, angefangen werden, nachdem die Büchse den Hagel wirft. An dem nächsten Ende muß sie eine Viertheilelle breit

breit seyn, in der Mitte 3 Viertheil, und am weitesten Ende 2 Viertheil.

Im Winter, wenn es nur kürtzlich geschneyet hat, und alles bedeckt ist, und die Misthaufen unter dem Schnee zugedeckt sind, machet man Anstalt, daß diesen Vormittag kein Stall in der ganzen Dorfschaft reine gemacht wird, und die Schweine nicht herauskommen. Solchergestalt kann man einen bis zweene gute Schüße thun, bey denen man meistens von allen vier vorerwähnten Sperlingsarten, bisweilen auch die fünfte, die sogenannte Kornlerche bekömmt, die sich selten anders, als in den schonischen Ebenen befindet, und die fetteste, größte und beste unter allen Sperlingen ist ꝛc.„

Die Policey möchte aber wohl aus andern Gründen Bedenken finden, das Sperlingsschießen, zumahl auf Dörfern, zu genehmigen; besonders wegen der Feuersgefahr. — —

Wenn man der Vermehrung schädlicher Geschöpfe Einhalt thun will, muß es vor-

vornehmlich zu der Zeit geschehen, da sie ihr Geschlecht fortpflanzen.

Man lasse den Bauern an ihren Wohnungen, etwa über dem Fenster, oder an der Seite der Fenster, kleine von Stroh geflochtene, oder auch hölzerne Behältnisse in Form eines Topfs, die nur eine Oefnung haben, wodurch der Vogel hineinkriechen kann, dergestalt befestigen, daß man sie leicht abnehmen kann: hierein werden die Sperlinge ihr Nest bauen, um ihre Eyer hinein zu legen, und können alsdenn mit sehr leichter Mühe gegriffen und getödtet werden.

Man lasse die Siehen mit den Eyern an den Vorsteher der Gemeinde, von diesem aber weiter an die nächste Policeyobrigkeit abliefern; so kann man die Sperlinge vermindern ohne sie ganz auszurotten.

Wenn 100 Siehen zur ersten Brutzeit (sie legen und brüten bekanntermaßen in einem Jahre dreymal) mit den Eyern vertilget werden, so wird das Geschlecht in einem Jahre um 14 bis 1500 ohne Mühe des Landmanns,

und

und zu seinem bald zu bemerkenden Vortheile vermindert.

Von anderer schädlicher Thiere Vertilgung habe ich ebenfals seit der Zeit, da ich Ihnen in der öconomischen Abhandlung der Wissenschaft des Ackerbaues, Vortrag von dieser Sache gemacht, allerley Meynungen gelehrter und ungelehrter Oeconomen zu hören und zu lesen bekommen.

So wird z. E. in dem fränkischen Haushaltungs-Calender von 1770, S. 44. wider die Feldmäuse, angerathen: man trete ihre Löcher auf dem Felde hart zu: — — Der Freyherr von **Hüpsch** aber hat eine eigene Schrift, wie die schädlichen Ackermäuse zu vertilgen, zu Cölln 1767 herausgegeben.

Ich übergehe andere neue Vorschläge zu Abwendung der Schäden von diesen und andern Feinden der Feldfrüchte, welche den Landmann so wenig, als unzählich alte, nur einigermaßen entschädigen können.

Ich glaube, Sie, meine Herren, werden überzeugt seyn, daß ohne Concurrenz

renz des Policeyamtes auch mit den bewährtesten Mitteln nicht viel werde ausgerichtet werden.

Der Landmann versteht die Sache entweder nicht, oder er greift sie verkehrt an, oder es hält ihn Nachläßigkeit und Faulheit, Mißtrauen gegen die vielen ihm zu Ohren kommenden Mittel, und dergleichen, ab; gleichwohl aber gereichen die Schäden zur Verminderung des Vermögens des Landes, und diese muß die Policey, so weit sie kann, zu verhüten suchen; das muß nicht in einzelnen Verordnungen erst alsdenn geschehen, wenn der Schaden schon zum Theil oder ganz geschehen ist, sondern provisionaliter in allgemeinen auf alle Fälle gerichteten und recht instructiven Verordnungen, und Vorkehrung der Mittel zu derselben Befolgung, damit sie nicht, wie unzählige andere Policeyordnungen, gleich werden einer Glocke, der der Klöppel fehlet.

Was die Schäden anbetrifft die von Menschen an den Feldfrüchten verübet werden können, z. E. durch Fahren, Reiten,

Gehen, Stehlen, durch das Abhüten mit Herden Vieh, unzeitige Jagden u. s. f. so sind diese von der Beschaffenheit, daß sie leichter, als die erste, von welchen bisher ist geredet worden, verhütet werden können.

Dießfals diensame Veranstaltungen zu treffen, und sie bey Kräften zu erhalten, das kommt der Policey, aber die Verbrecher zu bestrafen, das kommt der Justitz zu.

Hier werden aber besondere auf die Umstände eines jeden Orts eingerichtete, und von den Beamten oder andern Unterobrigkeiten geltend zu machende Verordnungen bessere Wirkungen thun, als allgemeine Policeygesetze.

Dieses ward discursive weiter ausgeführet.

In Ansehung des Mittels der Pfändung, sowohl der Menschen als des Viehes, von welchen Schaden gethan wird, findet man an verschiedenen Orten besondere für dieselben eingeführte Pfändungsordnungen, und sie sind um soviel nöthiger, da
dieses

dieses Mittel großen Mißbräuchen unterworfen ist, die von der schlechtesten Policey, wo nicht dem gänzlichen Mangel derselben zeugen, indem es zu unzähllichen Thätlichkeiten und Proceßen Anlaß gegeben hat.

Hier wurden Beyspiele angeführet, auch vorgelesen, aus des Herrn von Rohr, Haushaltungsrechte S. 283. Herrn D. Klingners Dorf= und Bauerrechte Th. II. S. 80, 244, 287, 611, 859.

Es wurden auch von den Getreydedieben verschiedene Anmerkungen gemacht.

Es ward gesagt, daß, als ehedessen in einigen thüringischen Gegenden das nächtliche Ausdreschen des Getreydes auf dem Felde, und heimliche Wegführen der Garben, einreissen wollen, die Policey einiger Städte diesem Unwesen durch eine neue Art von Strafen zu steuern gesuchet habe.

Man ließ nehmlich auf öffentlichen Plätzen der Stadt sogenannte Drehhäuser aufrichten, die den Schilderhäusern der Soldaten gleich kamen, mit dem Unterschiede, daß sie nicht von

Bre=

Bretern, sondern von auseinander stehenden Latten gemacht, und auf dem Boden so befestiget waren, daß sie vermittelst einer Spindel schnell herumgedrehet werden konnten. In diese Drehhäuser ward der Dieb eine Weile eingesperret, und durch das Herumdrehen in sehr unangenehme Umstände gesetzt.

Wenn specielle Stadt- und Dorfpoliceyordnungen dereinst werden eingeführet werden, wovon ich in dem folgenden XIII. und XIV. Capiteln dieser Abtheilung zu handeln Gelegenheit haben werde, so wird darinne auch davon disponiret werden können, was den Umständen eines jeden Ortes zu Abwendung dieser Schäden, die man jetzo noch an vielen Orten als Fehler der Policey zu bemerken hat, am gemäßesten wird erachtet werden.

§. 9.

Weil das Bestellen der Aecker durch andere um die Hälfte, zu des Eigenthümers Schaden gereichet, so ist
sol-

solches nicht zu verstatten, es sey denn, daß die onera publica vor der Theilung abgezogen a) worden.

  a) Pol. Ordnung C. 29. §. 12. und revid. Gesinde- Bauer- und Schäferordnung vom 24. Aug. 1722. Tit. 9.

    * * *

Hiervon ist schon in der II. Abtheilung C. 12. §. 35. geredet worden.

Die Policey suchet allem unordentlichen Wesen vorzubeugen, und dahin gehören auch solche Contracte, wodurch der Bauer zur Faulheit verleitet und in Schaden gebracht wird, und die eine Materie von Zänkereyen und Processen abgeben.

Sie sind in verschiedenen Landesgesetzen schlechterdings, in einigen aber nur unter gewissen Einschränkungen verbothen worden.

Die Magdeburgische Policeyordnung disponiret davon also:

  Dieweilen auch die Erfahrung giebet,
  daß öfters Bauern sich ihrer Güther
         wenig

wenig annehmen, sondern in den Städten sich aufhalten, und wenn sie etliche Scheffel Korn haben, mit nothleidenden Bauern um die Hälfte säen, so soll solches forthin durchaus nicht gestattet werden; würde aber ein Ackermann so nothdürftig seyn, daß er den Saamen nicht schaffen könnte, mag er mit Consens der Obrigkeit dergestalt mit einem um die Hälfte säen, daß von solcher Hälfte des erbaueten Getreydigs zufördert die Pächte pro rata der Aussaat, Contribution und dergleichen auf Aussaat geschlagene Beschwerungen genommen, das Stroh aufm Hofe, dahin der Acker gehöret, gelassen werden; und alsdenn sie sich mit dem Scheffel in das übrige Getreydig theilen, sonsten soll, der darwieder handelt, des Getreydigs verlustig seyn. Soll demnach ein jeder Ackermann dahin bedacht seyn, wie er seine Aecker selbst bearte und besaame, damit er auch seiner Obrigkeit die schuldige Pächte, Gefälle und Dienste, davon geben und prästiren könne, und keiner forthin sich weiter unterstehen, seine Aecker, nur

damit

damit er davon nicht contribuiren und dienen dürffe, öde liegen zu laſſen, und andere, mit deren ſchlechten Nutz es geſchicht, denn ſolche nur pflegen ausgemergelt zu werden, zu beſtellen; alles bey Verluſt der Ausſaat, und ſoll darüber in willkührliche ernſte Beſtrafung verfallen ſeyn.

* * *

So weit gehen unſers Herrn Autoris Grundſätze der Policey des Ackerbaues.

Nach meinem Verſprechen beym 1ten §. will ich nun noch einige Zuſätze hinzufügen.

1.

Die Policey muß die Hauptnahrungsmittel aller Orten ſoviel möglich in Ordnung zu bringen, und darinne zu erhalten bemühet ſeyn: zu dem Ende muß die Viehzucht, der Acker-Garten- und Holzbau mit einander aller Orten in ein gleiches Verhältniß geſetzet werden, weil die Ungleichheit Schaden verurſacht.

Man

Man wird auch in diesem Stücke an mehreren Orten die Unordnung gewahr, als man es ordentlich eingerichtet antrift.

Es giebt ganze Provinzen, die einen weitläuftigen und beschwerlichen Ackerbau treiben, und sehr fühlbaren Mangel an Wiesen und Holze haben; folglich den Feldern das Nutriment, das sie erfordern, zu verschaffen, und sie gehörig zu nutzen nicht im Stande sind.

Wenn hier die rechte Proportion eingeführet würde, so würden von wenigern Getreydeäckern, mit wenigerer Mühe und Arbeit weit mehr Früchte, als bisher von den mehrern Grundstücken zu erbauen, und zugleich durch die vermehrte Viehzucht beträchtliche Vortheile zu erhalten seyn.

Dieses ward im Discurse erläutert.

Es giebt aber auch solche Provinzen, wo das Uebergewicht der Viehzucht und der Mangel am Holze dem Ackerbaue nachthei-

theilig ist; und das findet man insonderheit in volckarmen Ländern.

Es wird hiervon bey der Policey des Wiesenbaues ein mehreres vorkommen.

Bey Localuntersuchungen fällt die Ungleichheit in die Augen, und es lassen sich leicht Schädenberechnungen davon machen: bey Landesvermessungen kann diesem Uebel am ersten abgeholfen werden; es kömmt aber dabey auf Einsicht ins Ganze der Oeconomie, und oeconomische und policeymäßige Ueberlegungen an.

Dieses ward weiter ausgeführet, und zugleich die Nothwendigkeit und der Nutzen tabellarischer Verzeichnisse von allen Arten von Grundstücken eines Landes für die Policey gezeiget.

Ein gewisser auf alle Orte applicabler Maaßstab zu Proportionirung der Aecker und Wiesen kann nicht angenommen werden, wie z. E. der ist, der aus einer schwedischen Dissertation in den göttingischen gelehrten Anzeigen von 1758, S. 1062. bemerket wird.

Der

Der Herr Verfaſſer dieſer Diſſertation verlanget, es müſſe das Verhältniß zwiſchen den Fruchtäckern, Wieſen und Triften allenthalben ſo eingerichtet werden, daß man fünfmal ſoviel Wieſen, und zehnmahl ſoviel Weide oder Trift, als Aecker habe.

Hier ward zuförderſt gezeiget, warum dieſes nicht allgemein ſeyn könne; es ward ſich auf das, was von dem groſſen Unterſchiede unter den Wieſen und Triften in der öconomiſchen Abhandlung geſaget worden, bezogen, und dabey angemerket, daß man in volkreichen und ſolchen Gegenden, die die Natur und der menſchliche Fleiß zu recht ergiebigem Fruchtbaue geſchickt gemacht, den Mangel an Wieſen und Triften durch den Bau verſchiedener Futterkräuter, die zugleich zur Verbeſſerung der Felder gereichen, erſetzen könne.

Hiernächſt ward aus der Schrift, von Eintheilung der Aecker und Wieſen, in des Herrn D. Schrebers Büzowiſchen Sammlung Theil VIII. S. 642. eins und das andere auf die Policey angewendet, und ſich zugleich auf

auf das, was in der öconomischen Abhandlung des Ackerbaues hiervon schon gesaget worden, und auf den Lehrbegrif der Cameralwissenschaften, Th. I, S. 73. bezogen.

2.

Wie die Policey die Nahrungsmittel überhaupt in einem Lande recht zu vertheilen suchen muß:

(hiervon ist an einem andern Orte weitläuftiger gehandelt worden,)

so muß dieses auch bey dem Baue der Feldfrüchte beobachtet werden; und man muß von jeder Art diejenige an jedem Orte erwählen, die sich dahin schickt, und am besten verintereßiret; z. E. in dem besten Boden den hundertfältigen Weitzen ꝛc.

Wenn alle Arten von Früchten aller Orten in Ueberfluß, nach dem Verhältniß der innländischen Consumtion, und des auswärtigen Absatzes, erbauet werden, so gehts es den Erbauern wie jenen Leuten in des Herrn D. Krügers Traume, beym Ducaten-Regen: es gilt allenthalben nichts.

Man-

Mancher Ort könnte einen vorzüglichen Nutzen von verschiedenen Arten von Feldfrüchten haben, und manche Orte haben ihn auch wirklich; z. E. — von den sogenannten Specereygewächsen, — von Kümmel — von der Röthe, — von Fenchel; — von Zwiebeln.

Ackerstädte könnten den Bau der nöthigen Färberey = oder Specereygewächse, den Lein = Hanf = auch Tabacksbau vorzüglich treiben; anstatt daß sie mit den Dorfeinwohnern gleichsam um die Wette Weizen, Korn, Gerste, Hafer — bauen.

So ist es mit dem Raps = und Rübsaamenbaue beschaffen: wenn alle Orte dergleichen bauen (wenn sie zumahl dabey nicht nach principiis verfahren) und wenn es an dem auswärtigen Debit fehlet, so entstehet daraus mehr Schaden als Nutzen.

3.

Man muß auch von einer Art der Feldfrüchte überhaupt im ganzen Lande nicht zu viel, und von einer andern zu wenig bauen lassen.

In

In Frankreich bauet man zu viel Weitzen, in Teutschland in verschiedenen Provinzen zu viel Rocken; wie ich in den Anmerkungen zu des Herrn D. Malouin Beckerkunst im VIII Theile des Schauplatzes der Künste S. 183. gedacht habe.

Wir könnten hin und wieder, zumahl bey regelmäßiger Cultur der Aecker, mehr Weitzen bauen, und ihn mit größerm Vortheile absetzen, als den Rocken.

Weil man in manchen Gegenden zu viel Rocken bauet, so muß man ihn mit großen Beschwerden auf der Achse außer Landes verführen, wo er zu Branntewein verbrennt, zum Verzinnen der Bleche verbraucht und sonst verderbt wird.

Eine solche Ausführung des Getreydes ist fast allezeit mehr nachtheilig als nützlich; es wird dadurch der Preiß des Getreydes vermindert und der Landmann muthloß bey der Feldarbeit gemacht.

Hiervon ward ein mehreres gesagt, und es wurden Mittel dagegen angezeiget.

In M*. — baut man zu viel Rocken und Gerste, und zu wenig Weitzen und Hafer, und diesen habe ich von so schlechter Beschaffenheit gefunden, als sonst kaum an einem andern Orte: da doch ein Land, das Gelegenheit zu guter Pferdezucht hat, sich im Haferbaue zu distinguiren suchen sollte.

Hierse war zu meiner Zeit in diesem Lande nur in so ferne bekannt, als er aus Pohlen eingeführt ward; anderer daselbst unbekannter Feldfrüchte, z. E. des Rübsaamens, zu geschweigen.

4.

Man muß zu verhüten suchen, daß die Feldfrüchte nicht untauglich werden zu den Zwecken, wozu sie angewendet werden sollen.

In einer französischen Policey-Verordnung von 1697. ist verbothen worden, die Felder mit Menschenkothe aus den Abtritten zu düngen, welche Getreyde zu Brodte tragen sollen. S. den Schauplatz der Künste, Theil VIII, S. 183. und 470.

Ueberhaupt giebt frischer Dünger schlechtere Früchte und schlechteres Brodt, als genug gefaulter Dünger: auch hält sich das Mehl von solchen Früchten nicht lange.

Was der Schaafdünger für Würkung auf die Gerste habe, die zum Bierbrauen gebraucht werden soll, ingleichen wie dergleichen Gerste, auch der Rocken, untauglich werde, wenn er auf solchen Grundstücken erbauet wird, worauf unmittelbar vorher foenum graecum erbauet worden, davon und von andern hierher gehörigen Ursachen des Verderbens der Feldfrüchte ist in der öconomischen Abhandlung des Ackerbaues geredet worden.

Ich habe auch daselbst, und im VI. Capitel der Policeywissenschaft, von Erhaltung der Gesundheit der Unterthanen, von den Krankheiten des Getreydes, besonders desjenigen, das zur Speise und Trank der Menschen gebraucht werden soll, gehandelt, dahin insonderheit das Mutterkorn gehöret.

Die Policey muß die dießfallsigen schlimmen Wirkungen aller Orten zu vermeiden suchen: es fallen aber diese offenbahren Kennzeichen unseres noch sehr unregelmäßig betriebenen Ackerbaues, das Mutterkorn, der Brand im Weitzen, Gerste, Hafer, Hiersen ꝛc. weg, wenn man beym Ackerbaue regelmäßig verfähret, oder wenn man sich befleißiget gesundes Getreyde zu bauen.

5.

Der Landmann muß von den Grundsätzen der Düngung, auch von den subsidiarischen Düngerarten recht belehret, und der Hordenschlag anders, als gewöhnlich geschiehet, eingerichtet werden.

>Hier ward verschiedenes aus der öconomischen Abhandlung, wieder in Erinnerung gebracht, und wie es von der Policey anzuwenden sey, gelehret.

6.

Die Policey muß sich angelegen seyn lassen, die Vertilgung des Unkrauts auf dem

dem Felde, durch Anwendung der rechten Mittel zu bewirken.

Unreine Aecker bezeichnen allemal einen schlechten Wirth und Mangel der Aufsicht auf den Ackerbau.

In einigen Gegenden von Niedersachsen und Pommern, ist auf die sogenannte Wucherblume (Anthemis tinctoria) Strafe gesetzt, wenn ein Ackerbesitzer dergleichen auf seinen Grundstücken, bey den jährlichen Feldbesichtigungen antreffen läßt. Zu C*— muß von einer jeden solchen Blume 4 ßl. Strafe gegeben werden.

Ich weiß aber nicht warum die dortige Policey nur allein die Wucherblume so sehr verfolget, und die übrigen Arten des Unkrauts frey paßiren lässet.

Wir haben noch schädlicheres Unkraut, das jeder schlechte oder unverständige Hauswirth, nicht allein zu seinen, sondern auch zu seiner Nachbarn Schaden immerfort unterm Getreyde zu bauen die Freyheit hat, ohne daß sich die Policey darum bekümmert;

mert; z. E. Agrostis spica venti, davon der Wind den Saamen verwehet, und welches ich öfters in Weitzenfeldern so häufig wahrgenommen habe, daß an vielen Stellen der Weitzen nicht dafür zu erkennen war.

Wären die Nachbarn solcher Ackerbesitzer nicht eben so nachläßig, so würden sie sich nicht enthalten, einen so schlechten Wirth ad interesse zu belangen.

Vornehmlich sind die Qvecken (Triticum repens) ein Unkraut, das sich in den meisten Feldfluhren von undenklichen Jahren in Posseß maintiniret hat, zum gröst̃en Schaden des Getreydebaues.

Man kann den schlechten Ackermann daran erkennen, wenn er sich alle Jahre damit qväḧlet, und seine Felder doch nicht davon befreyet.

Man sollte daher den Leuten auch in diesem Stücke mit Unterrichte zu statten kommen, und man sollte ihnen zugleich lehren, wozu die herausgeholten Qveckenwurtzeln

zeln zu gebrauchen. sind. Meistentheils werden sie auf dem Felde verbrannt: sie geben aber unterschiedenen Nutzen.

S. Schlesische öconomische Sammlung Th. I. S. 133. und Th. II. S. 419.

3. E. Man kann sie. a) dem Rindviehe unter die Siede schneiden, auch apart kochen lassen, wiewohl aus der öconomischen Abhandlung bekannt ist, daß die warme Fütterung des Rindviehes nichts taugt. b) Das Vieh frißt sie auch unzubereitet gerne, wenn sie zuförderst von der Erde gereinigt, und hernach getrocknet aufbehalten werden. c) Sie geben eine vegetabilische Erde, wenn man sie auf einander in Haufen oder Gruben verfaulen lässet, wie sie die Gärtner also nutzen. d) Man kann die Wurzeln zerhackt aussäen, wie ich in der Schrift vom Flugsande gezeiget habe, und sandige Felder zu Wiesen machen: anderer Vortheile dieser auser den Getreydeäckern vortreflichen Grasart zu geschweigen.

Muß man sie also wohl verbrennen lassen?

F 5   7. Es

7.

Es muß darauf gesehen werden, daß ein jeder, der Acker hat, nicht nur das benöthigte, sondern auch reifes und reines Saatkorn im Vorrath habe.

Hier ward die dießfalls erlassene herzoglich braunschweigische Verordnung vorgelesen, aus den braunschweigischen Anzeigen von 1756. N. 87.

Beym Mangel an dem benöthigten Saamen soll den Unterthanen von den Aemtern und Guthsbesitzern, nach verschiedenen Landesordnungen, z. E. der lüneburgischen Policeyordnung C. 46. den churfächsischen Mandaten von 1720, im *Codice Augusteo* Th. I, S. 1915 und 1922, und andern, Vorschuß gethan werden: im Brandeburgischen bekommen sie Getreyde aus den Magazinen, davon an einem andern Orte.

8.

Man muß den dienstbaren Unterthanen zur Erndte- und Bestellzeit die gewöhnlichen Freyheiten angedeihen lassen.

Es handeln davon: CRELL *de privil. sementis et seminum.*

Fritsch

Fritsch vom Erndterechte.

Es wird auch noch in dem Capitel von der Policey der Dörfer ein mehreres davon vorkommen.

9.

Es muß dem Bauer nicht gestattet werden, die Früchte auf dem Felde zu verkaufen.

Es ist dieses nicht allein durch verschiedene Landesgesetze, sondern ehedessen auch durch die Reichsgesetze verbothen worden.

S. *Reform. polit.* d. a. 1577. tit. 19.

HEINECCIUS *de prohibita fructuum in herbis venditione.*

Dieses ward ausführlicher erläutert.

10.

Die Policey muß wegen des Lohns der Drescher etwas gewisses bestimmen, eben so, wie es in Ansehung des Lohns der Tagelöhner und des Gesindes geschehen muß: sie muß verhüten, daß darüber keine Streitigkeiten entstehen; zugleichen daß die Drescher nicht vervortheilen ꝛc. Dahin gehören auch die Veranstaltungen wegen reiner Aus-

7.

Es muß darauf gesehen werden, daß ein jeder, der Acker hat, nicht nur das benöthigte, sondern auch reifes und reines Saatkorn im Vorrath habe.

Hier ward die dießfalls erlassene herzoglich braunschweigische Verordnung vorgelesen, aus den braunschweigischen Anzeigen von 1756. N. 87.

Beym Mangel an dem benöthigten Saamen soll den Unterthanen von den Aemtern und Guthsbesitzern, nach verschiedenen Landesordnungen, z. E. der lüneburgischen Policeyordnung C. 46. den chursächsischen Mandaten von 1720, im *Codice Augusteo* Th. I, S. 1915 und 1922, und andern, Vorschuß gethan werden: im Brandeburgischen bekommen sie Getreyde aus den Magazinen, davon an einem andern Orte.

8.

Man muß den dienstbaren Unterthanen zur Erndte- und Bestellzeit die gewöhnlichen Freyheiten angedeihen lassen.

Es handeln davon: CRELL *de privil. sementis et seminum.* Fritsch

Fritsch vom Erndterechte.

Es wird auch noch in dem Capitel von der Policey der Dörfer ein mehreres davon vorkommen.

9.

Es muß dem Bauer nicht gestattet werden, die Früchte auf dem Felde zu verkaufen.

Es ist dieses nicht allein durch verschiedene Landesgesetze, sondern ehedessen auch durch die Reichsgesetze verbothen worden.

S. *Reform. polit.* d. a. 1577. tit. 29.
HEINECCIUS *de prohibita fructuum in herbis venditione.*
Dieses ward ausführlicher erläutert.

10.

Die Policey muß wegen des Lohns der Drescher etwas gewisses bestimmen, eben so, wie es in Ansehung des Lohns der Tagelöhner und des Gesindes geschehen muß: sie muß verhüten, daß darüber keine Streitigkeiten entstehen; ingleichen daß die Drescher nicht vervortheilen ꝛc. Dahin gehören auch die Veranstaltungen wegen reiner Aus-

Ausbringung der Körner aus dem Stroh und dergleichen.

Hiervon ward im Discurse ein mehreres gesagt, und wegen des letzten Puncts gedacht, daß man an einigen Orten ein gewisses Probemaaß eingeführet hat: wenn beym Nachdreschen mehrerer Garben noch so viel Körner aus dem Stroh herausgebracht werden, als dieses Maaß in sich fasset, werden die Drescher gestraft ꝛc.

II.

Das nachtheilige Verbrennen des Strohes muß nicht gestattet werden.

An vielen Orten geschiehet es, wegen Mangel des Holzes zum offenbahren Schaden des Ackerbaues, indem solchergestalt dem Getreyde die Nahrung durch den verminderten Dünger entzogen wird.

An manchen Orten braucht man auch den ausgestochenen Rasen zur Feuerung, und in einigen schwedischen Provinzen so gar den getrockneten Kuhmist. ―

Das Rübsaamenstroh wird an vielen Orten, aus einem ungegründeten Vorurtheile,

theile, wie in der öconomischen Abhandelung des Ackerbaues ist erwehnet worden, auf dem Felde verbrännt; es ist aber ebenfals nicht zu dulden.

12.

Die Policey muß die Hindernisse des Ackerbaues aller Orten aufsuchen lassen, und zu removiren bemühet seyn.

Es giebt derselben eine große Menge. Man kann sie als allgemeine und besondere betrachten; wovon die letztern, die aus den besondern Verfassungen dieses oder jenen Orts, oder auch mehrere Oerter zusammen entstehen, sich nur bey local Untersuchungen entdecken lassen.

Hier wird es zu meiner Absicht genug seyn, von den allgemeinen nur folgende zu bemerken:

1) Die unerkannten Fehler die beym Ackerbaue begangen werden; oder das Vorurtheil, daß der Ackerbau in einem unverbesserlichen Zustande sey, und aus der blossen Uebung erlernet werden könne.

Davon ist im vorhergehenden genug gesaget worden.

2. Re-

2) Religions- und andere Bedrückungen, allzuschwere und immer vermehrte Abgaben, harte Frohndienste und anderer Zwang, insonderheit zu Kriegsdiensten.

Diese Dinge haben ehemals in Egypten leere Wohnungen und Felder gemacht; aber auch zu unsern Zeiten zu Völkerwanderungen und Verödung ganzer Fluhren Anlaß gegeben: es kommt aber an einem andern Orte Gelegenheit vor, weiter davon zu reden.

Indessen ward hier der bejammernswürdige Zustand des Landvolkes in Frankreich, und die höchst elende Beschaffenheit des Ackerbaues in vielen Provinzen dieses Reichs zum Exempel angeführet, und theils durch einige Stellen aus Herrn D. Malouins Beckerkunst im Schauplatz der Künste, S. 422. u. f. und aus dem Buche: Staatsfehler der europäischen Höfe im französischen Gemählde theils durch verschiedene von einigen französischen Parlementern, an den Hof erlassene sehr rührende Vorstellungen bestärket.

3) Volk-

des Ackerbaues.

3.) Volkmangel an und für sich selbst, und wenn sich viele dem Ackerbaue entziehen, und eine andere Lebensart ergreifen.

Von den sehr wichtigen Wirkungen des Volkmangels für den Nahrungsstand überhaupt und auch für den Ackerbau ist in dem II. Capitel von der Beförderung der Volkreichheit eines Staats, sodann in dem VII Capitel von Beförderung der Nahrung der Unterthanen durch die Landsöconomie und von Landgüthern, schon gehandelt worden.

Am letzten Orte habe ich zugleich gezeiget, daß sich eine Ackerrechnung nach der Anzahl der Köpfe bey uns nicht machen lasse, wie, nach Art der alteen Römer, die für einen Hausvater 5 Jugera, oder fünfmal so viel Land aussetzten, als ein Gespann in einem Tage umarbeiten kann, Herr **Herbert** in der Kornpolicey S. 257. gemacht hat.

So ist auch bereits an einem andern Orte erwiesen worden, daß es nachtheilige Folgen haben könne, wenn es dem Landmanne völlig freygestellet wird, die Hand vom

vom Pfluge abzuziehen, und eine andere Lebensart zu erwählen, oder auch bey der Feldarbeit ein anderes Nebengeschäfte z. E. ein Handwerk zu treiben, wodurch dem Hauptgeschäfte, dem Ackerbaue, und was damit verbunden ist, sodann auch den Handwerkern Eintrag geschiehet; welches von der Policey, die einen Stand bey dem andern zu erhalten suchen muß, in regula so wenig zu dulden, als wenig von ihr zu gestatten ist, daß der Landmann von den Handwerkern in Ansehung der benöthigten Waaren und Arbeiten übertheuert werde, davon an einem andern Orte ein mehreres vorkommen wird.

Aus diesem Grunde kann die Policey auch nicht indistincte gestatten, daß die Bauern Landfuhrleute abgeben; zumahl da die Erfahrung lehret, daß, wo man in diesem Stück zu sehr indulgiret hat, viele bey dieser Lebensart lüderlich geworden sind.

Nur wo wenig oder gar kein Ackerbau ist, da kann dieses dem Landmanne verstattet werden; jedoch nicht schlechterdings ohne Direction der Policey.

4) Leib-

4) Leibeigenschaft.

Wie nachtheilig es für einen Staat sey, wenn die Feldgüter mehr in den Händen der Regenten, und anderer, adlicher und bürgerlicher Besitzer, als in den Händen der Bauern sind, und was für Vortheile, von der Aufhebung der Leibeigenschaft nicht allein zu erwarten, sondern wirklich schon erhalten worden, das ist auch im vorhergehenden VII Capitel von der Policey der Landgüter bereits erörtert worden, und es wird noch im XIII. Capitel §. 10. die Gelegenheit gegeben, davon und von den dießfalsigen neuesten Schriften

    Schreiben eines alten Patrioten — in meinen Cameralschriften Theil IX. S. 95.

    Bedenken über die Frage: wie dem Bauernstande Freyheit und Eigenthum verschaffet werden könne? 1769.

    Herrn Canonici Wöllners Preisschrift, wegen der eigenthümlichen Besitzungen der Bauern 1768 und andern

ein mehreres zu reden.

5) Zu sehr zerstreute und in zu kleine Theile zertheilte Feldgüter.

Davon ist theils in dem III Capitel der II Abtheilung von Gränzen, theils im VII. Cap. der III Abtheilung §. 6. gehandelt worden, theils wird noch in dem XIII Capitel von Dorfschaften §. 9. insbesondere davon zu handeln Gelegenheit gegeben.

In einigen teutschen Staaten hat man doch den Anfang gemacht, so weit sich's hat wollen thun lassen, sie zusammen zu ziehen, und man empfindet insonderheit im Braunschweigischen den Nutzen davon; besage der Nachricht in meinen Cameralschriften Th. IV, S. 207.

6) Die dienstbare Triftgerechtigkeit, oder Triftgemeinschaft, oder Kuppelhutungen und Triften auf den Aeckern und daher entstehende sogenannte Heegebrauchen.

Das ist an vielen Orten eine der grösten Hindernisse, und ein starker Beweis, daß dem Ackerbaue noch große Verbesserungen in Zukunft bevorstehen.

Ein Guth ist vielmehr werth, und höher zu nutzen, bey welchem man vollkommene Freyheit hat, die Felder zu tractiren, wie

wie man will, als ein solches, wo diese Freyheit durch dergleichen Servituten von alten Zeiten her eingeschränket ist. Es fällt aber nun äußerst schwer, und ich möchte wohl sagen, unmöglich, den Landmann mit bloßen Vorstellungen des Nutzens, zur Abschaffung dieses Uebels zu bewegen; daher die Policey hier andere Wege einschlagen muß, wovon, mit Beziehung auf die dießfalsigen neuesten Schriften beym 13ten §. dieses Capitels ausführlicher soll gehandelt werden.

7) Mangel der Aufsicht auf die, die den Ackerbau treiben.

Man sieht sich nach dem Bauer nicht um, als wenn man Geld oder Dienste von ihm haben will; seine Wirthschaft mag beschaffen seyn, wie sie will. Der Nachläßige, der Faule, der Müßiggänger, der Säufer, der Spieler ꝛc. wird so wenig zu einer bessern Lebensart und zur Arbeit angehalten, als der gute Hausvater und fleißige Arbeiter ermuntert.

Die alten Römer ließen den besten Wirthen die ihre Aecker am sorgfältigsten

pflegten, gewiſſe Belohnungen angedeihen; die Nachläßigen aber wurden beſtraft.

Agrum male colere cenſorium probrum iudicabatur.

PLINIUS *hiſt. nat. l. XVIII. c.3.*

Wo finden ſich aber jetzo die Cenſores?

Herbert drückt ſich hierüber ſo aus in der Kornpolicey, S. 242.

„Wenn dieſe Menſchen, die die Tagesbitze erdulden, keinen Theil an der öffentlichen Hochachtung noch an den Belohnungen haben; ſo verdienen ſie wenigſtens von Seiten der Regierung (Policey) die genaueſte Aufmerkſamkeit. Es giebt ſchätzbarere Bürger; aber es giebt ſchwerlich ſolche, die unentbehrlicher wären; es finden ſich viele, die man mit dieſen nicht einmahl in Vergleichung ſtellen kann.

Sodenn ſagt er S. 248. Sehr oft hat der Krieg, die Hungersnoth, die anſteckenden Krankheiten, ein Land verwüſtet; aber von dieſen Uebeln erhohlt man ſich wieder, und es ſteiget kraft der Sorgfalt des Geſetz=

des Ackerbaues.

Gesetzgebers ein Land von Zeugung zu Zeugung aus seinem Schutte wieder hervor. Diese schreckbare Züchtigungen sind lange nicht so sehr zu fürchten, als die innerlichen Gebrechen, die den Staat auf eine unsichtbare Weise untergraben. Es geht ein Volk unter, wenn man die Trägheitskrankheiten nicht heilet, die dem Feldbaue zustossen und ihn schwächen; und es zerstreuen sich die Unterthanen, oder sie kommen um, ohne daß man es gewahr wird. Alles, was auf die Feldverschlimmerung abzwecket, zielet auf die Entvölkerung und Armuth eines Staats.

Die Schwelgerey gehört ebenfals mit hierher.

Herr D. Malouin schreibt in der Beckerkunst im Schauplaze der Künste Th. VIII, S. 624. von dem französischen Ackersmanne, daß er nicht einmahl sein nöthiges Auskommen habe, und daher weit von dem Luxus entfernet wäre: unter den Professionen in Städten aber und selbst unter den Bedienten graßirte diese Seuche desto stärker,

ker, und es wären die Lustbarkeiten, Schauspiele ꝛc. sehr beförderlich dazu, die Leute von der Arbeit und von ihren Pflichten abzuhalten. — —

Es wäre sehr zu wünschen, daß wir in Teutschland nichts von der Schwelgerey auf den Dörfern, auch nichts von Schauspielen daselbst wüsten und erführen, und daß wir folglich auch in der Absicht mehr gesichert wären für den betrübten Folgen des alten Roms, welches sich vor seinem Falle um nichts mehr bekümmerte, wenn es nur Panem et Circenses, d. i. Brod und Schauspiele hatte.

Es wird aber von dem allen weiter gehandelt werden im XIII. Capitel von Dorfschaften und von der Aufsicht und Aufsehern auf die Landwirthschaft beym 15ten §. des Capitels, das wir vor uns haben.

8) Die Gesindenoth.

Davon wird im XIII. Capitel §. 12. zu reden Gelegenheit seyn. Ein besonderes Beyspiel davon kömmt in dem wittenbergischen Wochenblatte von 1770. St. 2 vor.

9) Die

19) Die schlechte Verwaltung der Justiz und Sportelsucht derer, die von Sporteln leben sollen.

Davon wird im XIX, Capitel §. 11. gehandelt werden.

Es könnten wohl noch mehrere Hindernisse des Ackerbaues hinzugefüget werden, z. E. die illimitirte Einschränkung des freyen Handels mit den Landmannswaaren, die übertriebenen Pächte der Güter ɔc.: allein von jener werde ich gleich hernach eine besondere Anmerkung machen, und von diesen an einem andern Orte reden.

Die bisher angeführten Hindernisse sind, meinem Erachten nach, diejenigen, die zunächst den allerwidrigsten Einfluß auf den Ackerbau haben; mehrere werden in der Folge, besonders beym XIX. Capitel von den Ursachen der abnehmenden Nahrung vorkommen.

Je mehr nun dergleichen Hindernisse in einem Lande, auch nur in einem Landesdistricte, zusammenkommen, in desto grösserem Verfalle wird man den Ackerbau finden.

Auf diesen Verfall hat die Policey Ursache, sehr aufmerksam zu seyn.

Mit dem Verfalle des Ackerbaues erfolgte der Verfall der römischen Republick.

13.

Die Policey muß dafür sorgen, daß die Landmannswaaren überhaupt, und besonders die Feldfrüchte in einem solchen Preiße erhalten werden, dabey der Landmann und die übrigen Einwohner des Landes nicht nur bestehen können, sondern der Landmann auch ein Vermögen erwerben kann: es muß zugleich dem schädlichen Auf- und Vorkaufe der Früchte, und dem Verkaufe derselben außer Landes, wenn dadurch Mangel und Theurung verursachet wird, vorgebauet werden.

Theurung und allzugeringe Preise des Getreydes in einem Lande, das dergleichen genug erbauen kann, sind zwey Abweichungen von der Ordnung, die sehr widrige Folgen haben, welche durch kluge und gerechte Magazinanstalten vermieden werden können.

Die

Die Theurung trift diejenigen Glieder eines gemeinen Wesens, die entweder gar keine, oder unzulängliche Einkünfte an Getreyde zu ihrem Unterhalte haben.

Sie hat die betrübtesten Folgen, wenn sie zumahl anhaltend ist, und der Mangel der nöthigen Lebensmittel sich in einem hö̈hern Grade äusert: der Hunger thut weh, veranlasset den Genuß unnatürlicher Speisen; Krankheiten und Seuchen, Armuth, Unsicherheit, Emigrationen aus dem Lande, und dergleichen.

Die allzuniedrigen Preise treffen denjenigen Theil der Glieder eines gemeinen Wesens, dessen Einkünfte vornehmlich in Getreyde bestehen. Die Folgen sind: die Vernachläßigung des Ackerbaues; eine nach und nach erfolgende Entvölkerung; Mangel der nöthigsten Lebensmittel; Entkräftung der Manufacturen und des Handels; Schwächung der landesherrlichen Einkünfte; Faulheit und Lüderlichkeit des niedrigen Volkes, und allerhand andere Unordnungen. Die Wohlfeilheit macht allemahl mehr

mehr Bettler, als die Theurung arme Leute.

(S. wittenbergisches Wochenblatt 1768. Seite 70.

Wie groß ist also die Pflicht der Policey, diesen beyden Abwegen von der Nahrung durch so dienſame Anstalten, als die Magazinanstalten sind, zu vermeiden! aber wie wenig findet man diese Anstalten, und zwar so eingerichtet, daß der Endzweck dadurch erreichet wird.

Von dem schädlichen Auf- und Vorkaufe des Getreydes wird im XIX. Capitel §. 10. dieser Abtheilung zu handeln Gelegenheit gegeben.

Was den Verkauf des Getreydes auser Landes, oder die Ausfuhre betrift, so muß die Policey in regula dafür sorgen, daß der Handel in- und auserhalb Landes frey sey: besonders können durch den Getreydehandel, der zu Wasser auswärts getrieben wird, grosse Vortheile für den Ackerbau, die Manufacturen und den Handel erhalten werden, die bey dem Vertriebe

be auf der Achſe nicht zu erhalten ſind: aber es muß das Land dadurch nicht ſelbſt in die Umſtände geſetzet werden, daß es Mangel an dieſen nothwendigſten Bedürfniſſen des menſchlichen Lebens leide.

Das war ein Fehler, den **Colbert** in Frankreich begieng, daß er die Ausfuhre hemmte.

S. Herrn Krygers Schrift von Sully und Colbert im VIII. Theile meiner Cameralſchriften; ingleichen Herrn Herberts Kornpolicey, überſetzt von Herrn Hallern.

Noch jetzo wird in Frankreich über die Sache ein Federkrieg geführet, und wir haben von mehrern dahin einſchlagenden Schriften in göttingiſchen gelehrten Anzeigen Nachricht bekommen.

England hingegen hat ſeit einer Zeit von noch nicht 100 Jahren erſtaunende Summen von außen ins Reich gezogen, da man denenjenigen Belohnungen angedeihen ließ, die das meiſte Getreyde aus dem Reiche ausführeten.

Man

Man hat sich aber dennoch nicht allemahl dabey gehörig vorgesehen.

Vor einigen Jahren beförderte man die Ausfuhre wider durch Prämien: unterm 6ten November 1766. aber ward in den engländischen Zeitungen gemeldet, das wäre die Ursache der grossen Theurung im Reiche, und deßwegen habe die dießfalsige Acte wieder aufgehoben werden müssen.

Hätte man sich vorher mit hinlänglich angefüllten Magazinen versehen gehabt, so würde dieses nicht erfolget seyn.

Magazine sind die einzigen und sichern Mittel, nicht allein Theurung und allzugroße Wohlfeilheit zu verhüten; sondern auch den freyen Handel mit dem Getreyde unschädlich zu machen.

Von wem, oder auf wessen Kosten sie anzulegen, und was sonst dabey zu beobachten, davon ist die Schrift des Herrn Professors Berch von Kornhäusern im X. Theile meiner hallischen Sammlung nachzusehen, und es wird davon im XX. Capitel §. 5. dieser Abtheilung ein mehreres gesagt werden.

Zu

Zu Magazinanstalten werden erfodert:

1) Verzeichnisse von allen Getreideäckern, und dem jährlichen inländischen Zuwachse von allen Arten vom Getreyde.

2) Verzeichnisse der Consumenten, oder aller an jedem Orte lebender Personen.

Dergleichen Verzeichnisse hat man wohl in England; aber an angefüllten Magazinen scheint es zu fehlen; denn es ward unterm 31ten Januar 1766 in einer englandischen Zeitung, folgendes gemeldet:

„Nach einem Verzeichnisse von dem arthaften Ackerlande in England beläuft sich die Morgenzahl auf 5 Millionen Morgen, welche jährlich 14 Millionen Scheffel verschiedenen Getreydes beybringen, davon die Hälfte Weitzen ist; (das ist ein schlechter Ertrag; noch nicht das dritte Korn; und man macht doch so grosses Werk von dem bis zur Vollkommenheit gebracht seyn sollenden englandischen Ackerbaue; welches Vorgeben aber auch aus den englandischen neuesten Wirthschaftsbüchern wohl zu widerlegen wäre;) folglich beträgt der

der jährlich erbaute Weitzen 7 Millionen Scheffel. Nun rechnet man, daß jährlich durchgehends in England 5 Millionen und 500000 Scheffel aufgezehret werden, woher man denn schliesset, daß wir 1 Million und 500000 Scheffel Weitzen an die Ausländer verlassen können. Wird aber über diese Zahl ausgeführet, so ist der Mangel unvermeidlich; (ja, wenn keine angefüllte Magazine vorhanden sind,) zumahl wenn es eintrift, daß der Zulauf der Fremden in London so beträchtlich ist, wie im letztverwichnen Jahre, da, wie noch wirklich geschiehet, 14000 Säcke Mehl, und 6 bis 7000 Scheffel Hafer wöchentlich verzehret worden.

(Der Mangel ist auch unvermeidlich, wenn man Mißwachs hat, oder Unglücksfälle Ausnahmen von der angeführten Rechnung machen.)

Eine ähnliche Berechnung von Paris finden Sie in dem Schauplatze der Künste Theil VIII, S. 528; es lassen sich aber solche Rechnungen leicht machen, wenn man die obgedachten Verzeichnisse in Händen hat;

hat; und das gehört vor die Policey nicht nur großer Städte, sondern ganzer Länder.

14.

Wenn die Policey des Ackerbaues in einem Lande erst eingeführt werden soll, so muß man an jedem Orte, von der Beschaffenheit des Ackerbaues, und der damit in Verbindung stehenden Nahrungsgeschäfte zuverläßige Information einziehen, und Stufenweise von einem Orte zu dem andern fortgehen.

Das gehört zur notitia patriae, davon anderwärts ausführlich ist gehandelt worden.

Hierzu dienen solche Fragen, wie in den Abhandlungen der königlich schwedischen Academie Th. I, S. 112. und Th. III, S. 7. zu gleichem Zwecke entworfen worden sind.

Sie können auf andere Art eingerichtet, auch erweitert werden; z. E.

1. Aus was für Arten Erdreich besteht die Fluhr?

2. Wie ist die Fluhr nach der Ackerzahl eingetheilet? Wieviel Acker hält sie an

Frucht-

Fruchtäckern, Wiesen, Viehfeldern, Holzungen und dergleichen?

3. Wie vielmahl wird gepflügt? wie tief und warum? geschieht es mit Pferden oder Ochsen?

4. Wie sind die Ackerinstrumente beschaffen?

5. Wird gebraacht? zu welcher Zeit, und warum?

6. Wird die Braache genutzet, und wie? läßt sie sich nicht gar abschaffen?

7. Wie werden die Felder gedüngt? mit was für Art von Dünger?

8. Was wird in frisch gedüngtes Land gesäet?

9. Wenn geschiehet die Winter- und Sommerbestellung und wie?

10. Wieviel wird von jeder Art von Früchten zur Aussaat gerechnet?

11. Wie ist der Saame beschaffen?

12. Wird er untergeackert oder untergeeget?

13. Wieviel wird in der ganzen Fluhr gesäet und davon geerndtet?

14. Wie

des Ackerbaues.

14. Wie wird die Frucht eingebracht und verwahret?

15. Wie viel wird in loco consumirt?

16. Wohin wird sie verkauft?

17. Sind unbebauete Grundstücken vorhanden? warum? wie sind sie zu nutzen?

18. Werden außer den gewöhnlichen Feldfrüchten, Kohl, Kraut, Rüben, Tartüffeln, Rübsaamen, Lein, Hanf ꝛc. erbauet? wie? wieviel?

19. Was für Arten von schädlichen Unkräutern wachsen unter dem Getreyde? und wie wendet man die Mittel an, sie zu vertilgen?

20. Stehen Bäume auf den Aeckern, und hält man Hecken von wildem Holze an den Feldern hin?

21. Werden Aecker von der Näße beschweret, und wie suchet man sie abzuwenden?

22. Gereichet die Trift den Aeckern zum Schaden? hat man Koppeltriften? und wie lassen sie sich abschaffen?

23. Sind die Feldfrüchte dem Wildschaben ausgesetzet?

H 24. Ist

24. Ist die Fluhr legaliter ausgemessen, und sind die Gränzen in Richtigkeit?

25. Giebt es Rasereine zwischen den Aeckern?

26. Was finden sich für besondere Hindernisse des Ackerbaues? wie lassen sie sich heben? und was ist sonst anzumerken.

Alsdenn kann das Ordnungswesen eines Staats, in Absicht auf dieses und andere Nahrungsgeschäfte, leicht eingeführet und gut werden, wenn man auf diese Art eine vollkommene Einsicht in die Objecte bekömmt, und zugleich die Fehler aller Orten zu entdecken Gelegenheit hat.

Ohne gründliche Kenntniß des öconomischen Zustandes aller Orte eines Landes läßt sich eine Verbesserung und gute Einrichtung im Ganzen nicht denken, und das Policeywesen bleibt ein bloßes Flickwerk.

Bey diesen Ergänzungen unsers Herrn Autoris kann es jetzo bewenden; ob ich gleich nicht leugne, daß, wenn ich in die Specialia des Ackerbaues nach der öconomischen Abhandlung desselben hätte eingehen wollen, sich noch mehrere Policey-

grund=

grundsätze, insbesondere was die Art und Weise der Verbesserung des Ackerbaues anbetrift, hätten hinzufügen lassen.

Die Ergänzungen können Sie selbst machen, da Sie aus der weitläuftigen öconomischen Abhandlung wissen, worauf es dabey ankommt.

* * *

Zum Beschlusse will ich noch ein paar Worte von der französischen Policey des Ackerbaues aus dem Buche: Staatsfehler der mehresten Höfe im französischen Gemählde S. 40. u. f. anher übertragen, und weitern Nachdenken überlassen: „Unsere ganze Gesetzgebermacht (Policey) hat des Ackerbaues ganz und gar vergessen. Ist es nicht was gewaltiges, daß ein jeder Particulier in Frankreich mit seinem Gute wirthschaften kann, wie er will? er gehe damit um so schlecht, als er wolle, so braucht er niemanden davon Rede und Antwort zu geben; was zuvor Getreyde in Menge trug, daraus kann er Waldung machen, und fällt es ihm ein, so verwandelt er das Land, welches

die herrlichsten Früchte von der ersten Nothwendigkeit lieferte, in lauter Wiesen. — —

§. 43. Wie hat man aber in aller Welt auf den Gedanken kommen können, daß der schwerste Theil der Staatsverwaltung (der Ackerbau) sich von selbst, ohne Beystand von Gesetzen einrichten würde? unsere Landleute, unsere Bauern, wer hat sie im Ackerbaue unterwiesen? Maschinen sind sie, welche von Maschinen in Bewegung gesetzt werden; ihre Ackerversuche sind stets einerley; was sie einmahl gesehen haben, das sehen sie stets, und weiter nichts; ihre Irrthümer beym Ackerbaue vervielfältigen sich, die Väter bringen solche auf die Kinder, und so erbt sie ein Geschlechte vom andern. Unsere Ackerleute wagen keinen Blick über ihre Pflüge; diese Claße von Menschen, der man den mehresten Unterricht geben sollte, ist eben diejenige, welche ihn zum allerwenigsten empfängt. — —

Kur-

Kurzer Abriß von einem vollständigen System der Landwirthschaft, welches auf alle Gegenden von verschiedener Landesart eingerichtet ist.

Wenn ich in dem vierzehnten Stücke der Dresdner gelehrten Anzeigen von dem heurigen Jahre eine Anfrage und Beantwortung finde; ob ein vollständiges System der Landwirthschaft, welches auf alle Gegenden von verschiedener Landesart gerichtet ist, zu hoffen sey? und in der Beantwortung diese Hoffnung mit trifftigen Gründen benommen sehe; gleichwohl aber nicht allein die Möglichkeit, sondern auch den Nutzen und die Nothwendigkeit eines dergleichen Systems erwäge, und mir in Erinnerung bringe, wie sehnlich ich selbst zu der Zeit, als ich dieses Studium mit allem Ernste anfieng, dergleichen gewünscht,

wünscht, und um es zu finden viele Blätter in Büchern umsonst umgewendet: so achte mich verbunden, diese in der Beantwortung obiger Frage als vergeblich angegebene Hoffnung bey dem lehrbegierigen öconomischen Publico auf das neue zu beleben, und zu versichern, daß man mit Grunde dergleichen hoffen könne, ohne jedoch der angeführten Beantwortung durch Behauptung dieses Satzes in dem mindesten zu nahe zu treten; denn es ruhet jener Zweifel allerdings auf richtigen und trifftigen Gründen, wenn man nämlich in der Beantwortung sagt „diese Hoffnung dürfte vergeblich seyn; eine jede Landesart erfordere eine eigene und unterschiedene Methode zu wirthschaften; die Mannigfaltigkeit und Verschiedenheit der Landesarten sey größer, als die meisten öconomischen Schriftsteller denken; es sey dieses die Haupturache, warum die meisten öconomischen neuen Vorschläge in der Application sogar seichte und unzulänglich befunden würden; mancher neue öconomische Versuch gerathe im kleinen, und auf der Studirstube vortrefflich,

lich, der aber im großen und allgemeinen ohnmöglich auszuführen sey. „

Diese Gründe sind denn nun freylich an sich unumstößlich, und am wenigsten dürfte dergleichen verbessertes öconomisches System auf der Studirstube bloß mit Zuziehung öconomischer, physicalischer und chymischer Schriften, ohne hinlänglicher Praxi, vieljähriger Erfahrung und vieljähriger Experimente zu hoffen seyn: da mir jedoch aber die Existenz eines dergleichen Systems, welches als Manuscript verborgen liegt, und gewisser Ursachen halber schwerlich durch den Druck an das Licht kommen möchte, bekannt worden, so will ich, um die Hoffnung des Liebhabers der Oeconomie zu beleben, wie ich zum Anfange versprochen, von diesem mir bekannt gewordenen System nur soviel gedenken, als mir davon wissend ist, und es übrigens dem Kenner dieser Wissenschaft zur Beurtheilung überlassen, in wie ferne dasselbe allgemeinnützig, und überall applicabel seyn mag, oder nicht?

H 4   Es

Es gründet sich demnach dieses System hauptsächlich auf richtige Grundsätze, Erfahrung und viele vorhergegangene Experimente, nicht in kleinen Gartenbeetchen, sondern in dem Umfange ganzer Oeconomieen, die schon dergestalt behandelt werden: deßwegen auch das, was würklich im Ganzen nicht practicabel ist, mit Stilleschweigen übergangen worden.

Vom Anfange ist also die ganze Oeconomie in ihrem Zusammenhange, wie sie bloß ex usu erlernet und getrieben wird, nach hergebrachter Art, ohne weitere Gründe, außer dem Herkommen, so wie der gemeine Mann zu agiren pflegt, angezeiget. Die dabey befindlichen und noch nicht gehobenen desideria, und wie daher ein Schade, und eine Hinderung, die sich gründlichen Verbesserungen entgegen setzet, aus der andern entsteht, sind klar dargethan, besonders die Mißbräuche bey Viehzuchten und Schäfereyen; der fast alle Wirthschaften druckende Dünger- und Futter-Mangel; die daher unterbrochenen Ver-

bes-

besserungen der Felder durch gute Düngung und tieferes Ackerwerk; der Verfall der Küchen = und Obstgärten, nicht weniger der Hölzer; das seit undenklichen Jahren bey Ermangelung der Düngung und gehöriger Arbeit nicht gründlich ausgerottete Unkraut, so die Feldfrüchte nicht zu Kräften kommen läßt, vielmehr sich in Saamen und Wurzeln mehr und mehr fortpflanzet; ferner, wie in diesem Zusammenhange wegen Heegebraachen, Mangel der Düngung und hinlänglichen Geschirrs die Arbeit nicht zu rechter Zeit gemacht werden, und das Land seine Ruhe zur Attraction der Kräfte nicht erlangen könne; wie demnächst in der rechten Säe = Zeit sowohl, als in der Säe = Art, und in Erwählung der Früchte, ob solche zum Vortheile oder Nachtheile auf einander folgen, gefehlet werde; weiter, wie in vielen Gegenden große Fluhren unter dem Pfluge getrieben werden, in welchen es doch an Viehfutter und Holz gänzlich gebricht, dahero das erwachsene Geströbe, welches eigentlich zur Düngung angewendet werden sollte, nur

H 5   aus

aus äußersten Hunger von dem Viehe gefressen und zum Theile verbrannt wird; wie endlich in diesem Zusammenhange in guten und geringen Boden nur mittelmäßige und magere Erndten an Korne, Hafer und Gerste gegen viele Aussaat und Arbeit gewonnen; andere kostbare Früchte hingegen, die man für schweres Geld aus andern Ländern erkaufen muß, nicht erbauet werden können; ja, wie aus diesen Ursachen ganze Flächen vom großen Umfange als Heyden müßig liegen müssen, und wie bey der auch schon selbst dem Viehe so nachtheiligen Hutung in die Hölzer der Holzanbau unterbleibe; auch die bereits seit geraumer Zeit eingerißene Viehseuche schwerlich zu verhüten seyn möchte.

In vorangeführter Ordnung sind diese und mehrere Gebrechen ausführlich gezeigt, und daraus gefolgert werden: wie viele nur Schauweise angegebene sonst würklich gute Verbesserungsmittel gleichwohl impracticabel bleiben müssen, wenn diesen Hindernißen nicht die gänzliche Abänderung der Mißbräuche, und solche Verbesserun-

gen, die auf das Ganze gehen, entgegen gesetzt werden.

Der Autor fängt demnach sein Verbesserungswerk ohngefehr in folgender Ordnung an: er bringt zuförderst auf die genaue Untersuchung aller zu jeder Oeconomie gehörigen Grundstücke, und auf die Bestimmung dererselben, wozu ein jegliches am nützlichsten in der Folge nach dem Zusammenhange dieser und jener großen oder kleinen Oeconomie zu gebrauchen sey: ob zu Feld, Wiese, Garten, Futter- oder Holzanbau? wozu er nach Beschaffenheit jeder Landesart und Bodens hinlängliche Anleitung giebt, und besonders müßige und unbrauchbare Teiche, die keinen Zugang vom Wasser und Nahrung haben zu andern Gebrauche empfiehlt. Er zeigt dieses so deutlich, als die Vermehrung der Düngung, sowohl der gewöhnlichen von Vieh-Excrementis und Stroh, als auch der mancherley artificiellen von Compositis aus Erde, Kalk, Asche, Mergel ꝛc. wie diese in Menge jährlich überall zu haben, und mit Nutzen zu gebrauchen und zu behandeln sey.

Er

aus äußersten Hunger von dem Viehe gefressen und zum Theile verbrannt wird; wie endlich in diesem Zusammenhange in guten und geringen Boden nur mittelmäßige und magere Erndten an Korne, Hafer und Gerste gegen viele Aussaat und Arbeit gewonnen, andere kostbare Früchte hingegen, die man für schweres Geld aus andern Ländern erkaufen muß, nicht erbauet werden können; ja, wie aus diesen Ursachen ganze Flächen vom großen Umfange als Ehden müßig liegen müssen, und wie bey der auch schon selbst dem Viehe so nachtheiligen Hutung in die Hölzer der Holzanbau unterbleibe, auch die bereits seit geraumer Zeit eingerißene Viehseuche schwerlich zu verhüten seyn möchte.

In vorangeführter Ordnung sind diese und mehrere Gebrechen ausführlich gezeigt, und daraus gefolgert worden: wie viele nur Stückweise angegebene sonst würklich gute Verbesserungsmittel gleichwohl impracticabel bleiben müssen, wenn diesen Hindernissen nicht die gänzliche Abänderung der Mißbräuche, und solche Verbesserun-

gen,

gen, die auf das Ganze gehen, entgegen gesetzt werden.

Der Autor fängt demnach sein Verbesserungswerk ohngefehr in folgender Ordnung an: er bringt zuförderst auf die genaue Untersuchung aller zu jeder Oeconomie gehörigen Grundstücke, und auf die Bestimmung dererselben, wozu ein jegliches am nützlichsten in der Folge nach dem Zusammenhange dieser und jener großen oder kleinen Oeconomie zu gebrauchen sey: ob zu Feld, Wiese, Garten, Futter= oder Holzanbau? wozu er nach Beschaffenheit jeder Landesart und Bodens hinlängliche Anleitung giebt, und besonders müßige und unbrauchbare Teiche, die keinen Zugang vom Wasser und Nahrung haben zu andern Gebrauche empfiehlt. Er zeigt dieses so deutlich, als die Vermehrung der Düngung, sowohl der gewöhnlichen von Vieh=Excrementis und Stroh, als auch der mancherley artificiellen von Compositis aus Erde, Kalk, Asche, Mergel ꝛc. wie diese in Menge jährlich überall zu haben, und mit Nutzen zu gebrauchen und zu behandeln sey.
Er

Er demonstriret ferner ganz deutlich den vorzüglichen Nutzen der vegetabilischen Düngung, und giebt zur Erlangung derselben in Quantität von unterschiedenen Arten, ohne einigen Aufwand, vielmehr bey Gelegenheit anderer sehr ansehnlichen Einnahmen und Vortheilen, die deutlichste Unterweisung, damit jeder Hauswirth seine seit vielen Jahren enervirten Ländereyen durch alle drey existirende Düngungsarten, nehmlich animalische, mineralische und vegetabilische verbessern, und dadurch die erstere Art Düngung und Stroh von Jahren zu Jahren ohnfehlbar vermehren könne und müsse. Er leitet den Leser hierdurch auf die Früchte selbst, wie diese einander in der Folge zu dem Wachsthume beförderlich sind, und gleichsam zur Düngung gereichen, folglich mit Zuziehung der Arbeit zu der künftigen Fruchtbarkeit das Land bereiten. Er demonstriret deutlich, und beweiset durch hinlängliche Exempel, wie nur durch Düngung und Cultur der Erdboden zur Erlangung der Haupt-Fruchtbarkeit aus der Luft und vom Schnee und Regen präpariret
werde,

werde; daß aber, wider die Meynung einiger Gelehrten hierzu die Cultur nicht allein hinlänglich; sondern die Düngung, und
zwar am besten von unterschiedener Art,
höchst nöthig und nützlich sey: welches besonders durch das Exempel von der Gene-
ration des nitri ausführlich erläutert worden. Aus diesem itzt angeführten zeiget er
denn weiter die vielfältige Vermehrung des
Viehfutters von mancherley Art mit Abschaffung der schädlichen Viehweiden und
Heegebraachen, wobey jedoch dem Viehe
die nöthige Bewegung das ganze Jahr über
gelassen wird. Aus dieser Einrichtung beweiset er, wie Viehnutzung, Düngungs-
vermehrung und Verbesserung der Grundstücken einander die Hand biethen, wie ferner der so fürchterlich vorgestellte wilde un-
terste Boden, wo nicht bloß Steine, oder
ganz unbrauchbare Erde vorhanden, herauf
gehohlt, gut gemacht, und tief gearbeitet
werden könne, ohne welches keine wah-
re Verbesserung, noch gute Cultur, und
gründliche Austilgung des Unkrauts je-
mals statt findet. Es ist dabey nicht vergessen,

gessen der vorkommenden Erdarten von guten, mitteln, geringen, sandichten und bergichten Gegenden zu gedenken, und möglichster maasen die sich ereigen könnenden dubia zu erregen, selbige aber auch gründlich zu heben. Weil denn aber in kleinen Versuchen so ahnsehnliche Vortheile durch Stecken der Saamenkörner herausgebracht worden, daß man von langen Jahren her sich, obgleich umsonst, bemühet hat Säemaschinen zu dem Gebrauche im Ganzen zu inventiren, um mit Ersparniß des Saamens reichere Erndten zu verschaffen; so hat der Autor ganz deutliche Mittel an die Hand gegeben, durch eine schickliche Säeart von dem Sämann, und Präparation des Feldes allen Früchten, und deren meisten Saamenkörnern so eine Lage zu verschaffen, daß sie sich wohl und eben so bestocken, wie in Herrn Tulls Tractate durch die Säemaschine und vielfältiges Ackerwerk, jedoch nur auf einem Drittheil jedes Stück zu der Saat bestimmten Landes bewürkt wird; da man hingegen nach dieser Methode das ganze Stück Feld bestellet; also daß durch dieses

Be-

Bestocken dem Wachsthume des Unkrauts zugleich gesteuret wird, und dahero auch reichere Früchte an Hälmern, Aehren und vollkommenern Körnern, als gewöhnlich, erbauet werden; deren starke Hälmer sich auch nicht so leicht, wie sonst mäßig erwachsenes Getreyde zu thun pflegt, legen werden. Ja es ist durch Erfahrung erwiesen, daß bey dieser verbesserten Cultur, die so wenig durch mehrere Arbeit, öfteren Ackerns, den inventirten zerbrechlichen Maschinen und Pflügen, oder andern den Gewinn übersteigenden Vorschuß beschwerlich ist, mit einmal Bestellen zwo Früchte von unterschiedener Art, die Kleegattungen nicht gemeynt, zusammen gesäet, folglich die Felder zu zwo Erndten auf zwey Jahr mit einfacher Arbeio bestellet werden; und beyde Früchte sind in vorzüglicher Maaße gerathen. Uebrigens hat der Autor zur Verbesserung der Wiesen, Anbau des Holzes, und Ersparniß desselben, auch Anlagen vieler guten Obstbäume, daß man von ihrem gedeihlichen Wachsthume vorher überzeugt seyn kann, zuverläßige Mittel gezeigt,

gessen der vorkommenden Erdarten von guten, mitteln, geringen, sandichten und bergichten Gegenden zu gedenken, und möglichster maasen die sich ereigen könnenden dubia zu erregen, selbige aber auch gründlich zu heben. Weil denn aber in kleinen Versuchen so ahnsehnliche Vortheile durch Stecken der Saamenkörner herausgebracht worden, daß man von langen Jahren her sich, obgleich umsonst, bemühet hat Säemaschinen zu dem Gebrauche im Ganzen zu inventiren, um mit Ersparniß des Saamens reichere Erndten zu verschaffen; so hat der Autor ganz deutliche Mittel an die Hand gegeben, durch eine schickliche Säeart von dem Sämann, und Präparation des Feldes allen Früchten, und deren meisten Saamenkörnern so eine Lage zu verschaffen, daß sie sich wohl und eben so bestocken, wie in Herrn Tulls Tractate durch die Säemaschine und vielfältiges Ackerwerk, jedoch nur auf einem Drittheil jedes Stück zu der Saat bestimmten Landes bewirkt wird; da man hingegen nach dieser Methode das ganze Stück Feld bestellet; also daß durch dieses

Be-

Bestocken dem Wachsthume des Unkrauts zugleich gesteuret wird, und dahero auch reichere Früchte an Hälmern, Aehren und vollkommnern Körnern, als gewöhnlich, erbauet werden; deren starke Hälmer sich auch nicht so leicht, wie sonst mäßig erwachsenes Getreyde zu thun pflegt, legen werden. Ja es ist durch Erfahrung erwiesen, daß bey dieser verbesserten Cultur, die so wenig durch mehrere Arbeit, öfteren Ackerns, den inventirten zerbrechlichen Maschinen und Pflügen, oder andern den Gewinn übersteigenden Vorschuß beschwerlich ist, mit einmal Bestellen zwo Früchte von unterschiedener Art, die Kleegattungen nicht gemeynt, zusammen gesäet, folglich die Felder zu zwo Erndten auf zwey Jahr mit einfacher Arbeit bestellet werden; und beyde Früchte sind in vorzüglicher Maaße gerathen. Uebrigens hat der Autor zur Verbesserung der Wiesen, Anbau des Holzes, und Ersparniß desselben, auch Anlagen vieler guten Obstbäume, daß man von ihrem gedeihlichen Wachsthume vorher überzeugt seyn kann, zuverläßige Mittel gezeigt,

zeigt, gleichwie auch für Rindvieh und Pferde theils bisher unbekannte Mittel angegeben.

Alles vorstehende ist nun wohl ohne Widerspruch unter die generalen, und überall applicablen Verbesserungen zu rechnen, und als ein verbessertes öconomisches System anzusehen; da zumal der Autor dem gemeinen Landmanne zum besten, sowohl die demonstrationes, als auch die Arbeit selbst dergestalt erleichtert, und verständlich gemacht hat, daß ihm dabey nichts frembes vorkommt, also auch kein Zweifel übrig bleibt. Man kann den Grund desselben desto sicherer gewähren und behaupten, weil seit länger als zwölf Jahren darnach agiret worden, und alles in rerum natura hier zu zeigen ist. Trachenau, ohnweit Leipzig, den 12. May 1767.

Daniel Gottlieb Moritz Schreber, Daniel Gottfrieb Moritz Schreber

Die Polizei des Ackerbaues